畅销经典完美升级版

云峰／著

Tarot
塔罗奥义

陕西师范大学出版社

图书在版编目(CIP)数据

塔罗奥义/云峰著.—西安:陕西师范大学出版社,2003.6
ISBN 7-5613-2695-5

Ⅰ.塔…　Ⅱ.云…　Ⅲ.扑克—基本知识　Ⅳ.G892

中国版本图书馆 CIP 数据核字(2003)第 045822 号

图书代号:SK3N0380

塔罗奥义

作　　者:云　峰
责任编辑:周　宏
特约编辑:张应娜
装帧设计:木头羊工作室
出版发行:陕西师范大学出版社
（西安市陕西师大 120 信箱　邮编:710062）
印　　刷:北京市天竺颖华印厂
开　　本:787×1092　1/16
印　　张:11
字　　数:100 千字
2005 年 8 月第 2 版
2010 年 5 月第 3 版第 1 次印刷
ISBN 7-5613-2695-5/G·1924
定　　价:36.00 元

CONTENTS

目 录

塔罗就是一粒硕果。它曾经只是一种纸牌游戏，在一代代的解说、完善、丰富和变形中，最终成了打开心灵奥秘之门的一把钥匙。

第一章 塔罗渊源

① 天路历程

人类深知自身的渺小，渴望神的眷顾和关照。在漫长的文明史中，人们一次又一次跳进未知，寻找生命的启示和神灵的光芒。

从这个意义上说，神是人造的，但人们却凭借自己造出来的神，进入了神秘与玄幻的领域，得到了心灵的滋养。科学的发展导致人类物质世界的强盛，而神秘学说的发展，则带来了精神世界的丰硕果实。

塔罗就是一粒硕果。它曾经仅仅是一种纸牌游戏，在一代代的解说、完善、丰富和变形中，最终成了打开心灵奥秘之门的一把钥匙。

说起造神运动的起点，我们还要回溯到18世纪：

“假如我们宣布，有一件古埃及的艺术珍品流传至今，并没有随着雄伟壮丽的图书馆一起被大火吞没，书的内容是神给予人类的启示。那么无疑，人人都会迫切地想读到这本宝贵的奇书。

“假如我们又说，这本书曾在欧洲大量发行，数百年来人人都能读到，那么人们将更为惊讶，我怎么一点没有这方面的印象？实际上，人们曾自信地认为，它并非来自埃及，内容也不值得深究。这无限智慧的成果仅仅被看成是普通的图画集，其价值跌落到了最低处。

“这种态度实在太无知太荒谬了，然而，事实的确如此。埃及壮丽的图书馆被大火烧毁，惟一幸存下来并保存至今的，只有这本书。它的确太普通了，至今还没有哪个学者肯屈尊去关注它,也没有人对其不凡的起源进行过研究。

“该书共有 78 张图,分为五类,每一类代表不同的事物,每张图既有娱乐功能,又能给人以教益。这本书,就是占卜用具。”

这是法国作家科尔·德·葛贝林(Court de Gebelin)1781 年所著《原始世界》一书第八卷第 365 页上开头的一段话。他写这部巨著用了十年,杂录了他对于古代神话、原始符号和神秘事物的思考。然而后人能记住他,只是因为他最早论述了占卜学。

他的论述在巴黎引起了注意,一位叫做阿利埃特(Alliette)的假发商人受他的影响,决定改行做一个占卜师,并把自己的名字颠倒过来,成了特埃利阿(Etteilla)。

特埃利阿把葛氏的观点做了详尽阐述,甚至宣称,大洪水爆发 171 年后,占卜书被刻在古埃及孟菲斯附近一座庙宇的金箔上,专门用来传达天神旨意,应该叫做《托特之书》(注:托特是埃及神话中的智慧、知识与魔法之神,负责为众神起草文案。传说他是占星学、炼丹术和魔法的创始人,形象为人身狗头或人身鹭头)。

该书旨在传达天神旨意,解决法老王的疑惑。“塔罗”一词,取自埃及语的 Tar(道)和 Ro(王)两词,含有“王道”之意,指王者所需具备的正确决断力。后来埃及被灭,神官把图案绘于草卷上带了出来,辗转经吉普赛人传到欧洲。

法国学者埃利法斯·列维(Eliphas L'evi) 把塔罗牌和古犹太密教卡巴拉(cabala)联系在一起(注:卡巴拉是古代犹太人的神智学体系,相传是上帝传授给摩西的,是一种人与人之间相互协作,共同提升精神力量的学问)。

他成功地把纸牌的 22 张王牌和希伯来语的 22 个字母联系起来,也和卡巴拉生命树的 22 条道路联系起来。在《高级魔术的教义和礼典》一书中,他甚至允诺公布占卜纸牌的源头——原设计图,然而至死也没有将其出版。在他门徒所设计的纸牌中,图案跟当时所通行的差别不大,只不过加上了希伯来语字母。

列维的学生让-拜提斯特·皮托瓦(Jean-Baptiste Pitois)出版了《魔术的历史》,书中描述了埃及神秘宗教仪式的起源,以及大金字塔内地下画廊墙上的 22 幅壁画,作者称自己的描述源自于古罗马哲学家埃姆布利查斯(Iamblichus),但未能得到证实。

从那以后,大量出现了各种图案、各种解释的占卜纸牌。法国内科医生杰拉尔·昂考斯(Gerard Encausse)以帕普(Papus)的笔名,出版了一本《波希米亚人的占卜纸牌:解开神秘科学的钥匙》(The Tarot of the Bohemians),这是第一本完全的塔罗牌专著,其中更加入灵数学(Numberlogy),丰富了塔罗牌的内涵。帕普因而被奉为塔罗牌理论的开山祖师。

在英国,帕普著作的翻译者 A.E.韦

特(Waite)又设计出完全不同的图案，被称为“韦特牌”，以黄色纸壳包装。它很快成为全球发行量最大的纸牌，被大多数塔罗牌研究者公认为“国际标准版”，也是研习塔罗牌的“教科书”。

② 真实的来源

1.王牌

无论如何，葛贝林的图案，并非来源于古埃及。当他出版自己的著作时，埃及还披着神秘的面纱，用象形文字书写的讯息还无法破译，那些纸草和石碑上记录的秘密，常常会令考古学家感到灰心。当时普遍的看法是，全世界所有智慧可能都隐藏在一系列神秘的图画之中，只有精通神秘学的人才能破解。

事实上，有大量证据表明，塔罗的22张王牌是中世纪晚期一种纸牌游戏的残存。就像现在孩子们玩的看图识字一样，中世纪的人们也设计出了各种便于识别的图案，并将其设计成图画游戏。随着欧洲印刷术的诞生，最早的纸牌也几乎同时出现了，图案包括殉难的圣徒、神话人物，甚至还把各种品德和知识，都设计成了便于识别的人物。

现存的一套意大利占卜纸牌据说是由画家曼太尼亚(Andrea Mantegna，1431-1506)绘制，由五套组成，每套十张牌：1-10代表从乞丐到教皇的十个社会等级，11-20包括九个缪斯和阿波罗，21-30是主要的学科知识，31-40是一个混合体，包括三门科学(天文学、年代学、宇宙学)，四种基本美德(节制、谨慎、坚忍、公正)，三种基督教美德(忠诚、信心、博爱)，41-50则包括七颗行星、地球、原动力和第一推动力(即上帝)。这副纸牌包括了一个15世纪受过教育的人所应该知道的一切。从这个意义上说，它是极为完善的。

而其他纸牌，则有很多与现代塔罗牌的相似之处。在佛罗伦萨出版的一副纸牌有42张王牌，其中包括魔术师、皇帝、皇后、爱情、节制、坚忍、法官、命运之轮、战车、隐士、死神、魔鬼、塔、星星、太阳、月亮、宇宙、小丑。这些角色基本可以视为塔罗牌的原形。

另一由维斯康提家族传下来的15世纪纸牌，则包含以下内容：女教皇、皇后、皇帝、情人、战车、坚忍、死神、报应、宇宙。

还有一副纸牌收藏于法国国立图书馆,只有 17 张散牌,可能也是来自于 15 世纪的意大利。其中 16 张是王牌,包括皇帝、教皇、情人、战车、隐士、力量、被绞死者、死神、节制、上帝、月亮、太阳、判决、宇宙、小丑。

2.小阿卡纳

至于塔罗的另一个部分,四种花色 56 张的小阿卡纳,则有着更为古老的渊源。

说起最早的起源,我们可以追溯到印度的四王棋,中国的叶子戏,或者朝鲜的投箭。至于传入欧洲的时间,我们能找到的最早记录是,一个名叫约翰尼斯的德国修道士写道:“一种称之为纸牌游戏的娱乐活动,于 1377 年传到了我们这里。”意大利的史官科莱卢佐也写道:“1379 年,纸牌游戏从萨拉岑斯传入维特尔伯。”这比吉卜赛人进入欧洲的时间更早。

将纸牌分成不同花色的主意,几乎与纸牌本身一样古老。朝鲜的纸牌分为八个花色,中国的纸牌分为四个,印度纸牌则分为八或十个。到了欧洲,纸牌则统一被分成四个花色。

欧洲最早的四种花色分别为圣杯(Cups)、权杖(Batons)、利剑 (Swords) 和金碟(Gold Discs)。这使人联想起圣杯本身、十字架上刺穿基督身体的圣矛、大卫王的剑和耶稣在最后的晚餐上用的圣饼碟。在意大利,圣饼碟变成了硬币,在西班牙,则变成了金币。到了法国,所有花色都变了形,圣杯变成了心形,权杖变成了苜蓿草叶形,剑变成了宽宽的矛头,金碟成了方形的瓷砖。

那时的纸牌张数各异,一般在 32 和 56 张之间,并且从

15世纪末起，法国纸牌的花牌(J、Q、K)上，开始出现了传奇人物。他们都被看成是某种品德与才干的完美结合，而相互之间，却没有任何宗教、国籍和时代方面的关系。

纸牌最令人惊奇的一点，是迅速传遍整个欧洲，并且牌型逐渐标准化，此后几乎没什么变化，就一直延续至今。当22张王牌补充进来后，它就变成了用于占卜的“塔罗”。

3.融合

由此说来，我们不难看出，今天的塔罗牌是源于各种纸牌的综合，它完全不像葛贝林认为的那样，是古埃及单一的象征体系。不过，恰恰是不同来源的融合，使得塔罗的价值不但没有减少，反而逐渐增加。

这里，我们可以把占卜学和科学做一个对比。科学是在前人的基础上不断发展；占卜学也是在前人的基础上逐步改良。检验科学的标准是实践，为我们带来了丰富的物质文明；检验占卜学的标准，则是预测的准确度和启示的价值，为我们带来了精神上的引导和启发。对于飞行的探索，使人类制造出了飞行器；对于塔罗的探索，则使人类打开了心灵宝藏的大门。

塔罗不是神对于人类初民的启示，却成了人类不断探索生命终极奥义、寻求精神解脱的成果累积。历代智者对着塔罗冥思默想，便把自己的精神力量带进了这副小小的纸牌。

那些人虽然多已死去，而精神探索的果实却得以代代传承。在牌面的色彩和线条中，隐隐便有灵性的脉动，似乎用一根看不见的绳索，牵住了我们心灵深处封锁千年的铁门。那里有我们尚未了解的巨大能量，正蠢蠢欲动，呼之欲出。

每一张塔罗牌都有一个象征，指出你的内在思想、潜意识动机、隐藏的恐惧和渴望，以及你的个性、长远运程和弱点。

第二章 塔罗奥义

① 奥秘库

塔罗是作为占卜用具流传至今的。看起来固然神秘，但能够代代相传、长盛不衰，一定有它自己的效果。人们之所以称其为“神秘学说”，其实不过是因为，它背后的规律科学还无法完全解开。

正如我们分析的那样，纸牌上的图画本身并没有隐藏着秘密的智慧，其真正的秘密在于每张牌的象征意义。凡使用塔罗进行占卜的人，必须非常熟悉每张牌的细微之处，并在自己的心灵和牌面之间，建立起稳定的精神联系，让它在适当的时候透露给自己适当的内容。

19 世纪的神秘学家，就纸牌的内容做了大量论述。他们把 22 张王牌和其余四个花色的 56 张牌分开，认为王牌里藏着大量的秘密智慧，称其为“大奥秘库”(大阿卡纳)，而其余 56 张则被称为“小奥秘库”(小阿卡纳)。

确实如此。每一张塔罗牌都有一个象征，指出你的内在思想、潜意识动机、隐藏的恐惧和渴望，以及你的个性、长远运程和弱点。

每一张塔罗牌也代表一个历程，有欢乐、痛苦、希望、改变和重生，是人们生活的再现，不论在肉体上、心智上，还是情感上。

每一张塔罗牌代表一种人物，有温

暖慈爱的母亲、传统正派的宗教领袖、不屈不挠的勇士，也有充满智慧的隐士。它们既是真实人物的化身，也是你自己的一部分。

每一张塔罗牌都有多重意义。比如情人(the lovers)既代表罗曼蒂克，又代表面临爱情的抉择；既代表实质的爱，也可代表精神上的爱。又如战车(the chariot)既代表胜利、征服，也代表势力、冲突。

同时，每一张塔罗牌也隐含正、反两面不同的含意，这要取决于牌摆设的位置是正向或颠倒的。比如月亮(the moon)正向代表理想，反向代表迷惑。魔鬼(the devil)正向代表诱惑、堕落，反向则代表挣脱束缚。

在漫长的人类占卜史中，塔罗一直是沟通占卜师和神秘力量的媒介，一直是人类迈向未知领域的桥梁。它的奥秘代代累积，它的启示愈益清晰。在这小小的纸牌背后，是人类生命寻求和谐、解脱苦痛的终极奥义。

② 与命运无关

和其他神秘学说相比，塔罗的独特之处在于，它从不讨论命运。它不会告诉你什么是命中注定的，也不会给你提供改变命运的建议。这，就是占卜和算命的不同之处。

关于推测命运的方式，我们熟悉的就有手相、面相、星座、紫微等许多种。它们有一个共同的特点，就是着眼于先天的命运和性格，无法为你现实中的困惑提供帮助。当你有具体的问题需要解答时，它们通常都无能为力。

而塔罗提供给我们的，则是既灵活又实用的具体建议，帮助我们做出正确的抉择。

把你当做一个太空人，在休斯顿的飞行控制处，每一个影响飞行的因素在你升空之前就被估计到了，在起飞之前，就已经做好了所有调试。这样，即使途中出现问题，你也什么都不要做，太空船能自动地把你带往目的地。然而突然，你有点恐慌，担心飞行的路线出了问题，或者怀疑，是不是自己哪个无意的举动搞错了，按错了一个非常重要的开关。这时，你的无线电响了，休斯顿已经知道了飞船的每一点微小变化，并给你发出明确的指令，告诉你如何纠正它们。

塔罗占卜就像飞行控制一样，通过某种精神途径，他们知道了你最初的飞行计划，并且找到了你出现的偏差。占卜师会提醒你，为了避免灾难，应该做出怎样的改变。而塔罗牌，则是他们洞察你生命奥秘的桥梁。

把一次占卜当做飞行。即使你不能接受占卜师的建议，他也可以帮你找到你想要的答案，让你明白自己的整个飞行计划，知道调节和控制它的方法。占卜师就像有经验的飞行工程师一样，可以提前告知，你的行动会出现怎样的结果。而这，就是塔罗的意义和价值。

3 连结“集体潜意识”

塔罗牌为什么会准？想知道答案，我们就必须来探讨塔罗牌的运作原理。

虽然我们的科学还无法解释所有奥秘，但至少，从科学的角度上，塔罗的运作原理也能得到某种程度的印证。

在进入讨论之前，我们需要先介绍一位心理学大师——荣格。他承袭了弗洛依德的潜意识理论，并加以扩充，将人类的潜意识划分为“个人潜意识”和“集体潜意识”。“集体潜意识”是他的独创，因为“人类有着共通的心理机能，能透过遗传的方式，承接太古时期的潜意识。”而这种人类共通的心理机能，就是所谓的“原型”。

根据该理论，我们不难看出，塔罗实际上是一种连结人类“集体潜意识”和显现“原型”的工具。它可以帮我们把潜意识中的意象和答案图像化，再透过占卜师的解释，把其中的智慧传达给问卜者。

将塔罗和其他的占卜方式比较，最显著的不同就是强调视觉因素。塔罗有许多种不同的画风，并衍生出一些特殊的意象和符号。例如皇帝，他的权杖代表了传统的权威，而脸上愁苦的表情，则象征着徘徊在权力得失之间的焦虑。

而一般的扑克牌占卜和中国的易经，则没有把具体的意象和人物描绘出来，只能用某种特定的方式，来解决具体的问题。缺少了图像这一内涵丰富的媒介，实际效果是大打折扣的。一方面，在连接人类集体潜意识上，无法承载太多的信息量；另一方面，单一的符号体系，也难以融汇千百年间人类精神探索的成果，既不能顺应时代的微妙变化，也无法包容历代智者的深刻体悟。

我们回过头来再看荣格，他也是心理学界第一个正视灵魂学、神秘学和各种心灵现象的大师。他在20世纪初开始接触中国道家和西藏佛学，提升了自身的思想层次，超越了同代的其他学者，最终推衍出了“共时性原理”(Synchronicity)。

根据共时性原理，宇宙中充满了有意义的巧合，许多看似偶然的事物，其实都暗藏着微妙的关联，有着看不见的“神秘通道”，让它们相互影响。该理论被20世纪的科学一再印证，最终被概括为这样一句经典的阐述：“北京的一只蝴蝶扇动翅膀，可以改变纽约的天气。”

从这个角度出发，塔罗牌的预知功能便得到了完美的解说。在牌和求问的事情中间，确实存在着看不见的通道。占卜师的职责，就是让这条通道发挥作用。

问卜者的心中，常常被自己的问题所困扰，那便是心灵中的一个结，让他无法清晰地认识自己，无法做出明智的抉择。占卜师的首要任务，是和问卜者交流。这不需要很多的语言，但一定要进入问卜者的心里，找到症结所在。问卜者的迷惑和痛苦越深，占卜师的感受就越强烈。

一个好的占卜师，要和自己的塔罗牌有亲密的关系，让自己的灵魂和牌的灵魂契合。这样，当占卜师进入了问卜者的心中，就把牌的灵魂一并带了进去，牌中所蕴涵的历代智慧，就会在不知不觉中发挥作用，像电脑一样进行大量密集的模糊运算，针对具体问题给出明确的解答。关于这种灵性的模糊运算，在村上春树的《世界尽头和冷酷仙境》一书中，也有所提及。

最后一个步骤是占卜师的解答，要运用所有的注意力，看着每一张塔罗牌，将自己的心灵力量发挥出来，才能对每一张牌做出正确的解释。

整个过程中，占卜者和问卜者共同进入了一种神秘的超自然体验，用心灵的力量建立起了问题和答案之间的秘密通道。在这里，问卜者的诚意是一个非常重要的因素，心灵必须对占卜师敞开，让占卜成为问占双方的精神互动过程。至于最后的解答，则常常是一些实用而有效的正面建议，体现出了塔罗关爱生命的本质。

除了塔罗牌以外，其他所有类型的占卜，都缺少这样一种互动，常常是一种单方面的行为。那实际上，是对问卜者的无视，也是对问卜者心中症结的无视。

我们当然不能断言，塔罗牌的任何一次占卜都会准确无误，因为这还要涉及到问占双方的精神因素。但无论如何，只要你以健康、正面的心态去用它，就能从中得到大量有益的启示，借以改善自己的人生。

第三章 大阿卡纳的精神之旅

在这一章，我们将进入塔罗牌的大奥秘库——22张王牌，从中寻找生命的启示。由于塔罗的设计图案种类繁多，我们将选一些有代表性的进行讨论，它们大致分为以下三类：

1.有重要的历史价值，收藏于博物馆或私人手中，已经不完整了。

——格灵戈梅尔纸牌（Gringomeur），出现在15世纪的意大利，现收藏于巴黎国立图书馆。

——格特鲁德·莫克利（Gertrude Moakley）在《贝姆博绘占卜纸牌》一书中记述的“贝氏纸牌”，现收藏于纽约公共图书馆。

——意大利“曼太尼亚”纸牌，数家博物馆均藏有样本。

——几种意大利早期的带花纸牌，收藏于伦敦大不列颠博物馆。

2.由出版商发行的传统纸牌，图案设计在几百年间基本保持不变。

——法国B.P.格利莫（Grimaud）公司出版的“马赛牌”。

——瑞士默勒（Muler）公司出版的“王牌”。

——克劳德·伯德尔（Claude Burdel）1751年设计的纸牌，由默勒公司重新绘图出版。

——意大利莫地阿诺（Modiano）公司出版的双向纸牌。

3.在19世纪末、20世纪初，由神秘学者设计的纸牌。

——让-拜提斯特在《魔术的历史与表演》一书中记述的纸牌。

——奥斯瓦尔德·沃思设计的“沃思牌”。

——A.E.韦特设计的“韦特牌”。

下面，让我们开启大阿卡纳的精神之旅。

第一张牌　魔术师 The Magician

1.启示

通向觉醒的第一步,是认识自己身上的魔力。作为个人,我们常常会觉得自己渺小,但从整体来看,千百年来,我们人类已经创造出了无数的奇迹,那份强大的创造力，正潜藏在每个人身上,包括你也包括我。

它的含义还不止于此。在图案的代表人物上,它既没有选择发明家,也没有选择科学家,而是魔术师。这意味着,我们身上神秘的魔力,才是一切创造力的源头。这张牌给我们的思考提供了无限延伸的可能:

当我们走在科学的道路上,追求创新,那实际是由自身的魔力决定的。科学对人类来说,就像孩子的游戏,一切创造的目的都是为了得到乐趣。至于创造发明的成果,那荣耀应该归于无所不在的魔力之源,而不是某一个人。一切的发明创造都是启示,让我们从中领悟到，自己身上的魔力是无所不能的,从而迈出认识自我的第一步。

当我们在社会中得到一定的地位，有一些人听从我们的命令，我们真正的职责，是让他人的力量充分施展。职位意味着服务，更高的职位意味着要为更多的人服务，不是给他们带来更多的物质和舒适，而是要给他们更多的机会，让他们可以发挥自己潜在的力量。

当我们赚到了钱，这个东西生不带来、死不带去，你再怎么纵情挥霍，也不过像水面上的波纹一样，转眼消失无痕。人和钱的关系，是现代人面临的巨大困惑，解脱之道，就藏在这张牌中——

消费，不是为了肉体的满足与舒适，而是为了给自己的魔力加油，让自己的心灵得到更多滋养。投资，不是为了赚取更多金钱，而是要让魔力在人间汇集、融合，让人类踩着物质文明的台阶，迎接精神上再生的曙光。

2.典故

解牌者一致认为，魔术师是埃及神话中的托特(Thoth)，主管知识与魔法，并且发明了文字。

在希腊神话中，他名叫赫尔墨斯，宙斯之子，是信差之神和雄辩之神，也是亡灵的向导。由于偷盗过闪电，被宙斯放逐到人间流浪。

有一次，他手拿橄榄树的枝条，要分开两条反目的毒蛇。结果两条蛇沿着树枝爬了上来，缠绕在一起，成了他的手杖。这根手杖代表着解脱痛苦，从此成了医学的象征。

他在河边捡到了龟甲，给它加上羊筋，就成了竖琴。有一次他偷了一头牛，事后才知道，牛是他的兄弟阿波罗的。为了和好，他把竖琴送给了阿波罗，也因此回到了奥林匹斯圣山。

在罗马神话中，他的名字变成了墨丘利，为众神传信，并掌管商业和道路，是盗贼与江湖骗子的庇护人。

3.演变

在早期的意大利花边纸牌中，魔术师仅仅是一个人物符号，低头摆弄着一副纸牌，桌上凌乱地放着一些道具。简朴的画面只能传达人物的姿态，我们从中看不到情绪、性格等任何精神方面的内涵。这就是魔术师在塔罗中的登场。

到了贝氏牌中，魔术师被赋予了更高的身份和地位，服饰发型都显得高贵典雅，神态也雍容大度，显然是把他看成了通晓宇宙秘密的使者，向人类开启天意之门。这可以被解释为，魔术师凭自己的神秘力量，赢得了世人的尊崇。

此后的魔术师形象，就按照人间和神的使者两个方向演变。

马赛牌上，他头戴宽边帽，站在桌子后面，桌上放着各种变戏法的道具，神态颇为自得，显然陶醉于人们的掌声和赞美之中。它反映出来的，是人们不再重视神的启示，杂耍艺人在世间横行。

沃思牌的构图和马赛牌极为相似，只是桌上的道具换成了高脚杯、长剑和金碟,魔棒的长度也增加了。尽管人物的神态变得安静恬然,可服装和姿势仍然充满了炫耀和显示,这样的魔术师只能在人间变戏法。

至于瑞士的IJJ牌,则把角度变成了直面观众,画面多了一层阴郁的色彩,但依然没有摆脱舞台表演的俗套,尤其那块特地加上的桌布,让我们的魔术师更像是变戏法的人。到了皮托瓦的书中,则把这个人物描写成神的使者:“这个魔术师,简直完美极了,他身着白长衫,腰扎一条蛇,蛇的首尾在腰前打了个结。他右手持一根节杖,左手食指指向地面。”他特地给魔术师恢复了埃及人的装束,让其显得更加通灵。

显然,韦特牌参考了皮托瓦的图案,设计相似,只是把方石又换回了桌子,桌上是牌的四种花色象征物。真正别出心裁的地方,在魔术师的头上,帽檐扭成了无穷大的符号,象征着法力无边。在他的笔下,人物挺拔、庄严、肃穆,让魔术师最终找到了自己准确的位置——远离世俗的名利纠缠,以高高在上的姿态,向人类传达神的启示。

4.解说

相关语:创造　对应星象:水星

这是一位正在施法的魔术师,他的右手挥舞魔杖,正在对上天召唤神奇的法力,借此来主宰地上的一切。这张牌隐喻着无中生有的创造力,暗示你的潜在能力。不过,若要把它发挥出来,还需要坚强的意志和正当的目的。

这张牌象征着智能,魔术师领悟出生命循环不息的本质,并因为这层体悟而拥有力量。

这张牌象征着沟通,可以代表有创意的人、事、物。

这张牌象征着资讯,拥有知识并且实行,就能达成目标。这是个着手新事物的适当时机,你的努力将会得到成果。

这是一张充满开创性的牌,它拥有神奇的力量,变化莫测,而这一切都操控在你手中。如果成功操纵,自然可以得到巨大的收获。当然,如果失败……所以,这是一张有点大悲大喜意味的牌。胜负都很明显,如果只想知道结果,并不困难。但如果想要对过程进一步了解,就必须下点功夫,结合其他的牌共同分析。

正立的牌，代表富有外交手腕，精明干练，在爱情上则代表在现实中游刃有余，外界环境限制不了你。它暗示一种主动的两性关系，也可以代表一个意志坚强的人，他的心灵不会被谎言和假象迷惑，清楚自己要的是什么，并向着自己的方向稳步前进。而且，他心胸宽大，可以接受新鲜事物。

倒立的牌，则表示毫无顾忌与投机心态。因为性格上的不切实际，带来精神、情感或健康上的种种问题。它预示着漫无目标和缺乏自律，也暗示着某种精神或情绪上的困扰，离幻觉、精神分裂或精神崩溃都已经不远了。他用强大的能力来追求自己的目标，并且不肯遵守公认的基本准则，也许会以逐渐毁掉对方的方式，对他人进行控制。倒立是一种极端的状态，意味着丧失良知和反社会。

正位

好的开始○具独创性○有发展的○新计划成功○想像力丰富或有好点子○有恋情发生○拥有默契良好的伴侣○有新恋人出现○值得效仿的对象出现

失败◇优柔寡断◇才能平庸◇有被诈欺的危险◇技术不足◇过于消极◇没有判断力◇缺乏创造力◇爱情没有进展◇注意你的男朋友

逆位

第二张牌 女教皇 The High Priestess

女教皇所说的并不是教皇，而是“女”，是人类心中的女性力量，“教皇”则是对这种女性力量的评价，把它奉上了一个至高无上的地位。

女性也是母性，是胚胎，是母体，是一切生命成长的源头。如果说心中的魔力是一个初生的婴儿，那么善意、温柔、敏感、专注和直觉，则是它成长所必须的养料。

这张牌实际暗示的，是一种生活态度，我们应该适当地从现实中抽离，专注于自己的内心。既然认识到了自己心中潜藏着巨大的神秘能量，你就应该多花些时间照料自己的心灵，默默地哺育和滋养它，期待它的成熟和觉醒。

1.启示

在我们认识到内在的魔力之后，下一步就要让它成长。认识到自己身体的力量，可以用饮食和锻炼来强健自己的体魄，但心中魔力的增长，则要通过不同的途径。

2.典故

关于女教皇的传说，可以追溯到1282年。那时，她便以迥然不同的两种面貌出现在传说中。

1282年，马丁·波罗纳斯写下了女教皇琼(Pope Joan)的传说。据他所写，一个女扮男装、化名约翰·安格卢斯(John Anglus)的女人，在教皇利奥四世死后被选为教皇。过了两年五个月零四天，她被发现怀有身孕，因而被揭穿。

这个传说很快流行起来，尽管史料表明这并不可信。根据史实，在利奥四世去世仅一个半月以后，就举行了继任教皇本尼迪克特三世的接任圣职仪式。

这个故事虽然并未真的发生过，但却已经深入人心，并且进入了塔罗牌的绘制和讲解过程，所以还是值得一提。

另一个传说则有一定的真实性。意大利古葛利尔迈兹教派(Guglielmites)的女创始人于1282年去世，随后便出现了传言，说她将于1300年复活，并开创宗教史的新纪元，让妇女成为教皇。传言将被推上教皇宝座的修女叫曼弗雷达·维斯康蒂(Manfreda Visconti)，但真到了1300年的时候，她却被推上了火刑架。在维斯康蒂家族流传的纸牌中，有一张图就是纪念她的。

在18世纪法国的纸牌上，女教皇变成了罗马女神朱诺，是大神朱庇特之妻，专司婚姻、生育和妇女，相当于希腊神话中的赫拉。而朱诺身后的孔雀，则象征着不朽和复活。这复活的含义，恰恰和第二个传说有了某种程度的印证。此外，第一个传说中，女教皇的名字琼(Joan)正是朱诺(Juno)的英语化。

至于希腊神话中的天后赫拉，则有过一段不光彩的履历——在隐秘的独居生活中，她曾经怀孕并生下一子，这个孩子"既不是诸神的模样，也不是人的模样，而是令人恐怖、面目狰狞的百头怪堤丰(Typhon)。"这则神话故事在某种程度上，也可以看成是第一则传说的来源。

3.演变

我们前面提到，在18世纪的法国纸牌上，她一度是带着孔雀的朱诺，形象威严，充满了神的光辉。这个形象更接近于第一张牌魔法师，清楚表现出了无所不在的魔力。

在同样古老的贝氏牌中，形象则转变成了女教皇。画面典雅宁静，充满了柔和。它所传达的信息在于，女教皇的权力并不是一种压抑，而是像母亲一样，化育万物，宽厚包容。

到了沃思牌，她头戴三重冕，左手拿着圣彼得的钥匙，象征着权威，但冠顶却是一个新月，这明显是异教徒的标志。她的座位是一只有翼的狮子，她右手上书籍的封面，却是中国的太极图。她传达出了明显的异教信息，而这，也可以看成是宽厚与包容的必然结果。

异教信息在皮托瓦的手中被发扬光大。在他的图案上，一位妇女端坐在圣殿的门槛上，身子两侧一根红柱、一根白柱。她头戴教皇的三重冕,顶上是一个新月,一只乳房上挂着太阳十字架,腿上则放着一本打开的书。在这里,很明显又加上了古埃及的符号。

到了韦特牌,图案基本上顺着这种思路传承了下来,不同的只是皇冠变了样子,新月也挪到了脚下。在书的封面上,“Tora”一词清晰可辨,这既是希伯来语“法律”一词的音译,也是“taro”一词的字母变形。

这是一张充满知识的牌,而且知识是隐藏着的,需要通过直觉去领悟。异教信息的加入,让她的形象体现出了神秘知识危险的本质。她虽然手持王国的钥匙和法律文书,但实际上根本不像表现出来的那样。伪装成教皇的女人,既是对已有秩序的亵渎,也是对它的挑战,而同时,她也是自由和进步的化身。

4.解说

相关语:智能　对应星象:处女座

女教皇坐在宝座上,看起来自在平静,有些高深莫测。她拥有灵性,可以让隐藏的力量和秘密显现出来,把这些知识赐予人们。

她凭借心灵的锻炼,分辨出隐藏的是非和善恶,并给予宽厚的引导。甚至连罪恶和黑暗,在她面前也能得到有益的启示。在她眼里,所谓的好与坏、善与恶,都不过是生命的一部分。她拥有女性的直觉与洞察力,并将判断、知识与慈爱结为一身。

这不是一张代表具体事物的牌,而是一张代表可能性的牌。

它代表一段退缩和反省的时期。当你从生活中退下来,好好思考某个问题时,就能得到一些启示,拥有更灵敏的直觉和更深刻的洞察力。它暗示你应该相信直觉。

它也是一张代表精神和心灵发展的牌。你应该向内心探索,一切困惑的答案就藏在你的心中。

当牌面正立时,显示的是宁静、直觉、含蓄及谨慎。你需要先“反求诸己”,通过被动的接受,得到内在的发展。在爱情上,它往往意味着拥有高度的精神默契和心灵发展的关系,你们两人可以一起学习与成长。

当牌面倒立时，则表示诡异、猜疑、冷漠和迟缓。它暗示，在暂时离群索居，或经过内心发展之后，再度回到现实生活。出去走走吧！去认识新的朋友，也许可能因此而找到新的工作和伴侣，或者得到新的理解。

正位

知性，优秀的判断力○具洞察力及先见之明○强大的战斗意志○冷静的统率力○学问、研究等精神方面幸运○独立自主的女性○柏拉图式的恋爱○有心灵上交往至深的友人○冷淡的恋情

逆位

无知，缺乏理解力◇研究不足◇不理性的态度◇自我封闭◇神经质◇洁癖◇与女性朋友起争执◇对人冷淡◇晚婚或独身主义◇没有结果的单相思◇气色不好◇不孕

第三张牌 女皇 The Empress

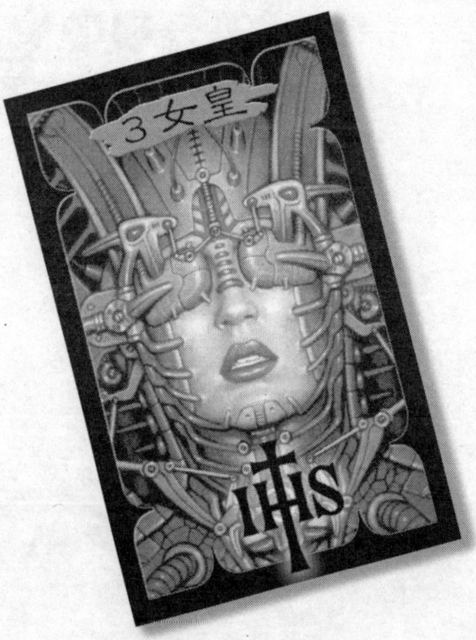

1.启示

通过了一段时间的滋养，我们心中的魔力要对现实发言。它要把精神的丰盛带给这个世界。

在塔罗中，这张牌的位置处在女教皇和皇帝中间，处在内心和外在世界的中间地带，代表了从精神力量向现实力量的过渡。这个过程很有意思。如果说“女教皇”中，“教皇”是对女性力量的尊崇和评价，那么到了“女皇”这张牌，女性力量就开始扮演现实纠纷的调解者。

女性力量像母亲一样，培育心中的魔力，那份魔力就爆发出了不可思议的力量。这时，女性的宽容、体谅就和魔力结为一体，不可分割。随之而来的，就是现实中的困扰纠纷向女性力量寻求解答。

先是自己遇到任何问题，沉静容忍，去内心寻找答案，给出了最完美的解答。随后，别人看到你的能力，纷纷向你寻求帮助，你的温暖和善良给了他们最大的鼓舞,化戾气为祥和。渐渐地,人们对你产生了情感上的依恋,并且愿意听从你的引导,在现实事务中,你就有了举足轻重的决定力量。

2.典故

女皇相当于希腊神话中的得墨忒耳(Demeter),掌管农业,带来丰饶,保护婚姻。她是古希腊秘密宗教仪式中的女神,象征着土壤的肥力,常常被画成手持节杖坐在御座上,而在王冠上有粮食的图案。

在希腊的阿卡秋亚,她被画成手拿鸽子的形象。而到了意大利早期的带花纸牌中,女皇的手里拿着一只圆球,球面上的图案像一只鸽子,另一只手则拿着节杖,节杖顶端插满了谷穗。

相传,冥王哈迪斯(Hades)强掳得墨忒耳的女儿当冥后,使得她无心工作,大地荒芜。

后来经过宙斯的裁决,让她的女儿半年在冥府,半年在人间。

从此形成了四季,她女儿不在的日子里,大地一片死寂。

3.演变

在早期的贝氏纸牌中,女皇雍容华贵地端坐着,左手拿着一面雕有雄鹰的盾牌。人物神态端庄,表情宁静,似乎任何烦恼也无法扰乱她的情绪。

到了马赛牌中,则变成了头戴皇冠的金发女郎,端坐在御座上,左手的权杖斜倚在肩上,右手则紧紧抱住威严的鹰盾。很显然,权杖代表权力,女皇的世俗权力在演变过程中增加了。

瑞士的IJJ牌,则把女皇的盾牌换成了棍棒,服饰也从重视威严变成了讲究美观。无疑,这样的女皇增加了更多的人情味。

沃思牌的图案与传统纸牌相仿,但女皇御座的高高椅背,变成了一对鹰的翅膀,环绕头部的是九星光环,新月则被翻了过来,踩到了脚下。这幅图中,增加的是神秘力量,象征着女性力量与内心魔力的结合。

在皮托瓦的笔下,这张牌上的形象变成了侧面坐着的女子,她坐在光芒四射的太阳中心,头上顶着12颗星星。她右手握一根节杖,左手擎一只鹰,新月形的象牙却踩到了脚下。

到了韦特牌,前景部分充满了成熟的麦子,心形的盾牌放到脚旁,上面的符号则象征着维纳斯。她右手把节杖举过肩头,头上是一顶缀有12颗星星的东方王冠。到这里,女皇终于恢复了得墨忒耳的形象。

4.解说

相关语:丰富　对应星象:金星

女皇是达到极致的完美女性,是孕育大地的母亲。

相对于充满知性的女祭司,女皇所代表的,是洋溢着母性温柔的女性特质。母性所隐喻的是生命的诞生、孕育、大地的丰收及物质的繁荣。她象征着幸福的爱情、优渥的物质与满足的生活。

相对地，她也警惕着人们，过于安乐的生活会导致奢侈、懈怠，不应该让你的努力和上进心松懈下来，否则容易掉进堕落的深渊。

她是在有形世界中心灵层面的显现，象征有创造力的聪明才智，也是我们梦想与渴望的化身。

她暗示透过情感得到满足和理解，代表着热情，这是经由感官通往心灵的一条途径。她从自己的经验去了解世界。

女性之事，由它来解释是再好不过的。如果求问者为男性，则应考虑是否与女性有纠葛，或者自己的女性气质强。而丰富之意，则可以涵盖艺术、人格、金钱、感情等很多方面。

它可以是暗示着“怀孕”，如果牌局上还有五角星九，或圣杯三，或一张以上的侍卫牌，那么准确性就更高了。

在有关事业的问题，这张牌暗示你的工作和家有关，或利用家作为工作的基地。

当牌面正立时，这张牌代表魅力、优雅与毫不保留的爱。在爱情上，你和伴侣的生活，充满了感情和欢乐，并且拥有非凡的活力和成长。它也可能形容怀孕，因为婴儿的来临常常会让两性关系进入一个新的阶段。这是一张对感情的描述十分积极的牌。

当牌面倒立时，则有自负、矫情和无法容忍缺陷的含义。在家庭或两性关系中，你可能会遭遇困难，也许无法实现自己的计划，或者根本没办法从心里去爱。你应该考虑，是不是把爱看得过于理想化了。冷静地思考所有选择之后，你应该运用理性来解决问题。在关于孩子的问题上，它可能意味着流产、堕胎或生产。

正位

繁荣○丰富的感情和包容力○艺术才能○从事以女性为对象的工作○优雅的生活○财运佳○众所瞩目○女性魅力倍增○会开花结果的恋情○被爱的充实感○结婚○生产

没有成就◇深感迷惑、内心动摇◇傲慢◇因虚荣心而自取灭亡◇自负、任性使人不愿接近◇浪费和损失◇过度保护◇缺乏上进心◇计划延迟达成◇倦怠期◇嫉妒心强◇不良的男女关系◇怀孕无望

逆位

第四张牌 皇帝 The Emperor

1.启示

从女皇到皇帝，代表着我们心中魔力对现实世界的深度介入，我们最终把心灵的力量转化成了现实的力量，可以创造出一系列的丰功伟绩。

然而，这张牌同时也暗示了一些消极的方面，权力本身就是一种枷锁，我们在得到它的同时，也必然要接受它的束缚。

仔细分析，在自己的现实生活中，我们每个人都处于绝对的主导地位，有权决定自己的一切事物，神圣而不可侵犯。这么看，皇帝就是每个人的象征。

它暗示着，每个人都该像皇帝一样，有主导自己生活的勇气，有足够的决断力，优柔寡断、犹豫不决，都是无济于事的。很多重视精神生活的人都不愿过多地介入现实，这张牌对他们是个很好的启迪。

另一方面，我们应该做自己的好皇帝，秉持善意在人世间行走。我们的国土是自己的生活,如果不能善待不能珍惜,最终承受痛苦的还是我们自己。

2.典故

在希腊神话中,皇帝相当于十二主神之首宙斯,也就是罗马神朱庇特。他逃过了被父亲吃掉的命运,靠喝山羊的奶长大,最终夺走了父亲的统治权。

他是众神之王,也是不少神的生父,是白银时代的开创者。

到了法国大革命后,他一度曾被酒神狄俄尼索斯(Dionysos)取代。酒神同样被称为“伟大的父亲”,同样赐予人们富足与文明。

在罗马赫库兰尼姆市,有一座狄俄尼索斯浮雕,清楚地证明了他和皇帝形象的关联。御座上的狄俄尼索斯姿态和皇帝完全相同,他手持节杖,杖顶有一枚松球。他的腿和塔罗牌上的皇帝一样,以特殊的方式交叉着。

尽管他一直被我们看成是酒神和狂欢神,但在俄耳甫斯教中,他最后变成了被毁掉的神,消失的神,死而复生的神。

他为这张牌带来了一些独特的含义,比如长生不朽、生命永存和上帝造人时赋予人类的神圣生命之气。同样,他也代表复活和面对逆境的坚韧信念。

3.演变

这张牌的形象,在六百年中几乎没有什么变化。一位头戴皇冠的男人端坐在椅子上,面朝右。他右手持一把节杖,有时是一把造型奇特的节杖;他脚边有一块神盾,和皇后一样,上面饰有雄鹰。

它在中世纪的意义是毫无疑问的,象征着世间权力、父王的保护、力量和统治,当然也象征着统治者的暴力镇压。

在保存下来的格灵戈梅尔牌上,我们可以看出,牌的形象没有改变。除了节杖外,皇帝的左手还握有宝球。神盾被两个男孩取代,他们跪在皇帝脚旁。除了这些局部区别以外,这张牌和四百年后葛贝林的描述十分相似。

到了贝氏牌,差异则大了些,皇帝面朝左,身边也没有随从。

沃思牌和马赛牌、IJJ牌非常接近,甚至皇帝的皇冠也沿用了怪诞的头盔样式。惟一的变化,是皇帝端坐于饰有帝鹰的方石上,而不是御座,脚边也没有神盾。

到了皮托瓦那里,这张牌被称为“方石”,一位戴着奇异王冠的人坐在方石上,“他右手持节杖,右腿弯曲,以交叉的形式放在左腿上。”

这张牌的一系列格式都基本固定了下来,但到了韦特牌,则出现了最大程度的革新:皇帝面朝外端坐,御座上饰有公羊头。左手握宝球,球上没有十字。右手持一把带圆环的丁字形节杖,两腿没有交叉。

4.解说

相关语:领导　对应星象:狮子座

皇帝统治着社会,领导着人群,是

男性权威的象征。他的地位至高无上，他的权威不容质疑。他掌管着安定，暗示着对于物质社会的支配力。他的力量来自于智能，并以此统治世间万物。通常他是一个正直、公平的人。如果他给你某些忠告，他的建议通常来自于亲身的经验。

他代表原型的父亲，象征社会的法律、结构，以及容许心灵发展的社会稳定状态。他有点武断的倾向，但是他在许下承诺后，通常是值得你信赖的。如果你也允下承诺，他会期望你实行它。

皇帝拥有意志和热情，并且充满了勇气和行动力，代表通过自律和实际的努力，最终达到成功。虽然你被周围的人设下种种限制，但只要你在限制之内努力，还是可以达到你的目标。

然而，在拥有权力与地位的背后，也反映出自以为是的另一面，有着高处不胜寒的隐喻在里面。当一个人处在这样的位置时，自己的心里快乐吗？解牌时不可忽略的，是表象之下的心灵状态。事实上，大多数问卜者所希望的，都是快乐的心灵，即使自己没有意识到。

当牌面正立时，代表坚强的意志和稳固的能量。在爱情中，常意味着务实、武断且纪律严谨的人。他是不错的物质供应者，但却不擅长表达情感。在两性关系中，他会扮演父亲的角色，在情感方面，他可能会比较压抑。对他而言，付出，就是给予某些具体的东西。

当牌面倒立时，就表示任性、暴虐和残忍，意味着由于缺乏自律而失败。他不像正立时那么武断，而且也较有同情心，但却缺乏控制热情的真正训练。在爱情中，倒立可能是形容一种缺乏自律的状态，例如缺乏对伴侣的承诺，或可能不只拥有一个伴侣。也可能形容一种类似母子的关系，其中的女人用母亲的态度来控制男人。

正位

以坚强的意志力及手腕获得成功○富裕和力量○有责任感○良好的处理能力○具领导能力○男性的思考○坚持到底○虽有点专制却值得信赖○条件诱人的提亲○与年长者恋爱

逆位

不成熟◇意志薄弱◇虚有其表◇看不清现实◇欠缺实务能力◇因傲慢而招人反感◇工作过度◇固执◇没有经济基础◇没有好对象◇苦恋结束◇勉强的感情

第五张牌 教皇 The Hierophant

1.启示

教皇是心灵的导师，他预示心中魔力成长到了新的高度，用自己的心灵引导他人。

善意的皇帝希望帮助他人，在努力的过程中发现，人们最大的痛苦并非物质的匮乏，而是心灵的贫瘠。于是，他承担起了引导心灵的责任，变成了教皇。

但是，从这张牌，我们也可以看出塔罗系列的两种倾向，其一是心中魔力的成长和演变，其二则是，有些重要的东西，在我们成长的过程中不断丧失。

以教皇为例，他和女教皇一样承担心灵引导的责任，其差别在于女性力量的丧失。

经历了皇帝的阶段，人认识到了权威能带来很多方便，能让事情按自己的心意发展，于是就不肯放弃。虽然还是在帮助别人，但已经非常重视对事情结果的掌控，努力让自己有足够的威严，让自己说的话能得到别人的重视。

另一方面，也是在皇帝的阶段中，体会到了现实的重重困惑，却不明白困惑就是现实的一部分，不明白困惑由权力带来，非但不想放弃权力，反而变本加利，从世俗的权力迈向精神上的权威，扮演他人的心灵导师。

这种丧失是成长的一部分，人类的成长和发展，本质上就是不断失去、不断犯错。人们心中的神圣力量，也不是用来做对事情的，而是为了做错。

2.典故

在希腊神话中，喀戎是著名的人头马身的智者，也是具有不死能力的医者，他是夺取金羊毛的英雄伊阿宋的老师。

后来，当赫拉克勒斯解救了普罗米修斯，为了满足宙斯的条件，喀戎作为替身留在了悬崖上。喀戎虽然可以要求永生，但为了解救普罗米修斯，他甘愿献出自己的生命。

在古埃及的首都孟菲斯，圣牛阿皮斯(Apis)是生殖繁衍的象征，后来又演变为地府之神塞拉皮斯。每死去一头圣牛，人们都把它视为地狱判官奥西里斯(Osiris)。渐渐地，人们便形成了对奥西里斯-塞拉皮斯的崇拜。

公元前14世纪，希腊人在尼罗河三角洲建立了亚历山大市。该市的主神，就是这位埃及的奥西里斯-塞拉皮斯神。希腊人为他建造了一座宏伟的庙宇，庙中神像是一个有胡子的男人，端坐在宝座之上。为象征他与冥府的关系，有三头狗守护着他。

跪拜在教皇面前的三个人头，很可能就起源于此。同时这也说明了，为什么在第一批塔罗牌问世时，教皇亚历山大六世的象征为一头公牛。

3.演变

在格灵戈梅尔牌中，教皇身穿法衣，手持圣彼得大教堂的钥匙，端坐着，两侧各有一个红衣主教。神态安详，充满了灵性。

到了贝氏纸牌，教皇则举起右手在祝福。不同之处在于，他的脸上有更多人间的关爱，而且明显也有自己内心的困惑，不再是全知全能的圣人了。

在传统的马赛牌中，教皇头戴三重冠，左手持三重十字架，三个光头的人跪在他面前，教皇的手势像是在给他们祝福。这里的教皇，则似乎完全从人间和天界退隐，一副淡泊的神情，让人想起《老子》的一句名言：天地无情，以万物为刍狗。

到了瑞士的IJJ牌，形象则类似于天神宙斯，一个强壮的男子头戴王冠，以手支颐，一副闲散和漫不经心的样子，似乎已经对自己众神之王的地位感到厌倦。

从葛贝林以后，很多人都把这张牌看成是举行圣礼的祭司长。基督教的礼仪来自于埃莱夫西斯城的宗教仪式，在那里，教皇同时也是最高祭司。从这个意义上说，把教皇看做祭司长还是有一定道理的。

在皮托瓦的描述中，这位神秘的祭司长端坐在圣殿的两根圆柱中间，倚着一个“丰”字形十字架，右手食指在胸前做出“静”的手势，两个男子拜倒在他脚下。

到了沃思牌，教皇似乎来自于故事书中，形象和传统教皇很接近，两个修士跪在面前，他用右手为他们祝福。在这张沃思牌中，几乎剔除了所有神秘的象征，似乎在表示一种最原初的本意。

到了韦特牌，图案设计变得非常严格。图中的教皇端坐于宝座上，两个修士跪拜在他面前。他左手持教皇十字架，右手在祝福，脚边放着圣彼得教堂的十字形钥匙。

4.解说

相关语：援助　相关星象：木星

和皇帝所代表的物质社会的权威相比，教皇所代表的，是精神上的权威。在宗教上，教皇拥有最高的地位，他是神圣、神秘事物的解释者，象征着知性与道德，认知与信仰，深切的慈悲心与洞察力。

这是一张代表着唤醒人类的良心与善意觉醒的牌。教皇解救了许多身陷困扰的人们，并且用言论指引他们走向正途。

这也是一张有关宗教信仰与传统的牌，提供心灵的方向和引导。他暗示你的心胸正趋于窄小，应该让别人负起你心灵成长的责任。探索新的方法，或许你就会找到新的可能。

它也象征着保守的道德与传统知识，要知道，教皇的知识充满奥秘，即使抽象的事物也受他主宰。一旦你忽略掉他，就有可能会招致危险。

牌面正立时，表示信心十足、不疑

不虑，对事物有正确理解力。在爱情上，它往往代表遵从他人期望的一段关系。伴侣很难忠于自己，也很难忠实于两性关系中他们真正的需求，因为他们觉得在适应他人的期望上，压力实在太重了。你应该去找寻新的方法，可能会感受到周遭的阻力，但最终还是能够证明，这么做是值得的。

牌面倒立则表示爱说教、唱高调及独断。塔罗牌中所有的倒立五都意味着心胸开阔，教皇亦不例外。它同时代表新思想、新观念的形成，或拒绝一些流于俗套的观念。你在为自己人生写剧本，照着自己对生命的理解而活。

正位

受人信赖○有贵人相助○贡献○受上司重视○能胜任工作○拥有一颗温柔的心○受惠于有益的建言○接触宗教的事物大吉○与年长的异性有缘○良缘○深情宽大的爱○有结良缘的机会

没信用◇没有贵人相助◇孤立无援◇不受欢迎的好意◇依赖心是最大的敌人◇太罗嗦而讨人厌◇碍于私情而无法成功◇心胸狭窄◇得不到亲人谅解的恋情◇彼此过于关心◇缘分浅薄的恋情

逆位

第六张牌 恋人 The Lovers

1.启示

人心中的魔力在皇帝的阶段认识到了现实的荒谬，在教皇的阶段则认识到了人类精神生活的极其有限。于是，一切辛苦追求、视为神圣的东西，在瞬间全部坍塌。

这时，人得到了一种觉悟，就是生命不自由，如果说有的话，也只有在囚室的墙上随意涂抹的自由。自己心里的力量似乎无所不能，可在这个世界，无论你做什么，都像《圣经》中说的那样，只是虚空，只是捕风。

于是很自然地，人会把生命中的一切力量，转向最后的寄托和归宿——爱情。千百年来，爱情一直是人类对抗现实的武器，似乎一个人只是一片随波逐流、随时会被河水吞没的落叶，而只要两颗心聚在一起，就能互相取暖互相照耀，能变成汪洋大海中的孤岛。

塔罗中的恋情，是在人对物质世界和精神世界同时感到厌倦以后，才开始的。人把爱情当成了最后一根救命的稻草，为了让自己的生命有意义，让自己的魔力实现它的价值，男女之爱已经成了最后一种选择。

人们都知道，男女之爱像任何植物一样，会开花，也会枯萎。当这种爱情枯萎，生命就会走到尽头。歌德笔下的维特，最后就选择了自杀，而且他的那本小说，在欧洲的青年中，也引发了持久的"自杀热"。

2.典故

这张牌起源于古希腊金苹果的故事。

宙斯主持婚礼时，漏掉了一个女神没有邀请，这个女神是专门制造纷争的。她为了报复，在人群中丢下一个金苹果，上面写着"给最美丽的女神"。

宙斯不愿意惹麻烦，于是赫尔墨斯向他建议，不如请特洛伊的王子帕里斯来评判。于是，天后赫拉、爱神阿佛洛狄忒和战神雅典娜一起找到了帕里斯，纷纷提出了自己的贿赂。

赫拉许诺，要让他成为全世界的君主。阿佛洛狄忒许诺，要给他人间第一美女做妻子。雅典娜则许诺，要让他拥有最高的智能和胜利。

最后，帕里斯把金苹果给了阿佛洛狄忒，得到了人间第一美女海伦。高傲的雅典娜和善妒的赫拉非常愤怒，于是联手发动了特洛伊战争。此外，在牌面图案的演变过程中，又被加入了更多不同来源的形象，让它的含义变得复杂。除了金苹果的故事外，天上张弓搭箭的丘比特或天使，来自于爱神的传说。而牌中犹豫不决的人，则往往被解释为帕里斯的抉择。

3.演变

在意大利双向牌和马赛牌中，只有丘比特在张弓搭箭，瞄向一位青年男子。他的两侧各有一个女子，也许一个不如另一个美貌，但相貌究竟如何，却难以判断。而且，丘比特依偎的云彩，在这里变成了光辉的太阳。

到了18世纪的瑞士IJJ纸牌，图案虽然和传统非常接近，但三个人的角色却有了变化，成了一对情侣和一个老人。老人拄着拐杖，面带嘲讽地注视着他们。

到了葛贝林的牌中，散步的情侣不少于三对，同时两个带翼天使在搭弓射箭。

沃思牌非常鲜明地表露出，他倾向于人物形象的犹豫不决。牌中的青年男子优柔寡断，站在两位漂亮的女子中间，一位是公主，头戴小巧贵重的王冠，另一位则衣衫褴褛，赤着脚，头戴鲜花。

皮托瓦则称此牌为"两条路"。他说，"两条路"画的是一位男子，两臂交叉于胸前，站在交叉路口前，脸上毫无表情。两位女子中，头上扎金发带的是善的化身，头上缠有藤叶的是恶的化身，她们为他指出两条路。青年人身后，光轮环罩，正义守护神放出灿烂光芒。他在上方张弓，把惩罚之箭瞄向了恶的化身。

韦特牌融合了前人的概念，画的是亚当和夏娃。夏娃站在分辨善恶的智慧树前，树上缠绕着一条蛇，亚当则站在一棵发出灿烂光辉的树前。在他们身后，一只雄鹰正张开双翼，为他们祝福。

4.解说

相关语：结合　对应星象：双子座

这张牌意味着人生中的青春期，可以从伴侣那里得到实质的协助或情感上的支持，也可以指一段两性关系中最初、最浪漫的阶段。

它既代表幸福与爱情，也暗示恋爱会遭遇到选择的迷惘。即使不是三角恋情，恋爱往往也需要在众多异性中选择一个，因此，恋爱是既美丽又残酷的。

它如果用来解释爱情，无疑是最合适的，因为它本身就是有关爱情的。但是要注意，在相关语“结合”背后，“选择”才是里面隐藏的真意。这张牌指导你，应该有所取舍，不论牌面还是背后的神话故事，都揭示了这层涵意。此外，它象征着，透过两性结合的“爱”，能使全人类结为一体。

当牌面正立时，它代表道德、美学、更高层次的感情和肉体上的渴望。在爱情中，它暗示一段新关系，或既有关系的新阶段，也可以形容沉醉于爱河。

当牌面倒立时，则代表欲求不满、多愁善感和迟疑不决，意味着任何追求相互关系新阶段的努力，都只能建立在期待和梦想上，还是维持原状较好。也可能在暗示一段关系的结束，或是一种毁灭性的关系，并暗示逃避责任和承诺。

正位

幸运的结合○有希望的将来○有共同做事的伙伴○与人合作或社团活动○敏感○决定前进之路的好时机○有意气相投的朋友○爱情机会将到来○罗曼蒂克的恋情○爱的预感

分离◇消解◇不合作的态度◇眼花缭乱◇没有满意的成果◇无法持续◇退休◇妨碍◇血气方刚◇多情的人◇分手◇冷漠的爱◇背信◇逃避爱情◇短暂的恋情

逆位

第七张牌 战车 The Chariot

1.启示

战车是一种姿态，一种对抗的姿态。作为恋情的延伸，它道出了其中的真意：要凭着手里的爱来对抗现实。

既然爱是美好的，既然世界上许多地方还不够美好，那就说明，爱和世界并不兼容，要么用爱来改变世界，要么就让世界把爱毁掉。

很多人的爱都被毁掉了，人们从爱里得不到品德，得不到成长，得不到坚持，得到的只有逃避。

但是在塔罗中，它所讲述的是出路，不是死胡同。也许一千个人里有九百九十九个都钻进了死胡同，但即使只有千分之一的希望，它也要把这一丝希望点燃，让所有的人都看到。

关于爱，最经典的描述是罗曼·波兰斯基的电影《苦月亮》，片中两个人活在封闭的世界里，谁也无法阻挡爱的枯萎。他们所缺少的，恰恰是对于现实的投入，是手挽手并肩作战，共同开拓出自己的一小片天地。

爱是志同道合的同志，爱是并肩奋战的战友，爱是我们对抗现实的武器，是灯，是希望，是光。

2.典故

这张牌是希腊神话中的战神阿瑞斯，他的罗马名字叫玛尔斯。他是十二主神之一，宙斯和赫拉之子，主管战争。

3.演变

这张牌出现在各个不同的牌源中。在早期的塔罗基牌中，是战神玛尔斯的战车。它似乎没有被任何东西牵引，战神踞坐在车上，手中宝剑靠于右肩，一条狗卧在他脚前。

而格灵戈梅尔牌中，人物成了一个手持战斧的士兵，它最主要的特点，是战车朝我们驶来。设计本牌的艺术家没能解决透视问题，结果两匹马朝着不同的方向使劲。

到了马赛牌，特别注意了回避透视画法，图上既看不到马的后腿，两个车轮也更加外倾。但主要的区别，还是在于车身。它看上去像玛尔斯的战车。车盖下，站着头戴王冠的国王，他仅露出上半身，右手持一把节杖。我们可以认为，原先的士兵屡立战功，成了一国之主。

瑞士的IJJ牌里，人物形象则和其他部分截然分开。这张牌的上半部画的是国王，他左手持一根节杖，下半部分画的，则是两匹马拉着的完整的车。

在沃思牌里，图案和传统纸牌十分相似，最大的区别在于，驾车的是两匹怪兽，一黑一白。它们似乎分别代表着善与恶，胜与败。

皮托瓦对这张牌做了具体的描述。他称此牌为“奥里西斯战车”。它象征着战车，车呈方形，有装饰着星标的华盖。车棚由四个柱子支撑，车上是全副武装的征服者，手持节杖和宝剑，头束饰有星状物的金发带。

韦特的图案与前面的基本相同，但

车的华盖比任何牌上的都小，以便为车后的护城墙和城堡留出余地，让它们清晰可见。

4.解说

相关语：胜利　对应星象：人马座

这张牌描绘着克服障碍、获得胜利的王者战车。牌面上的胜利者以一种强有力的姿态，展现他在人世间的丰功伟业。

这张牌是强者的代表，它与力量息息相关，象征着由坚持而获得成功。它可以解释成：不论正道多么艰险难行，你都得继续走下去。同时，它也暗示这个人(通常是男人)，掌控着他自己和周遭的事物。

“不要放弃”是这张牌的关键主题。你必须控制住生命中互相对抗的力量。

两匹马，分别象征着人类意志与本能。要是无法好好地控制这两匹马，就会形成互相拉扯的局面，胜利就会因此溜走。人类拥有着所谓野心与竞争心的本能，努力与克己的意志力，两者互相并存在人生的道路上，共同寻求胜利。若是一旦失去了平衡，这种力量就可能会转变成暴力。

如果出现了战车正位，而结果又不是太好的牌阵，就要考虑，是不是哪个方面过于激烈了？

牌面正立，代表成功的、有才能的和有效率的。正立的战车也可能指一桩重要的生意，或具有重大意义的成功。在爱情上，它暗示控制你的情绪，对两性关系是有帮助的，传达着“不要放弃”的讯息。只要你能协调好关系中的冲突，用理智去超越恐惧和欲望，就能看出问题的解决之道。你应该抛开过去的束缚，并从中汲取教训。

牌面倒立，则暗示专制的态度和拙劣的方向感，可能被情绪蒙蔽了视线，暗示一种新的处理情绪的方式。它象征太过于多愁善感，或因悬而未决的感情，影响了你对事物的看法。

正位

前进必胜○先下手为强○独立○起程○在颠簸中仍有好成绩○活泼○有野心○以速度取胜○有开拓精神○握有指挥权○战胜敌手○富行动力的恋情○恋爱的胜利者

逆位

失败◇丧失战斗意志◇状态不佳◇挫折◇性子过急为失败之因◇不感兴趣◇效率不佳◇资金运转困难◇无奋战精神◇有强劲敌手进入◇被拒绝◇因怯懦而使恋情不顺◇私奔凶

第八张牌 力量 Strength

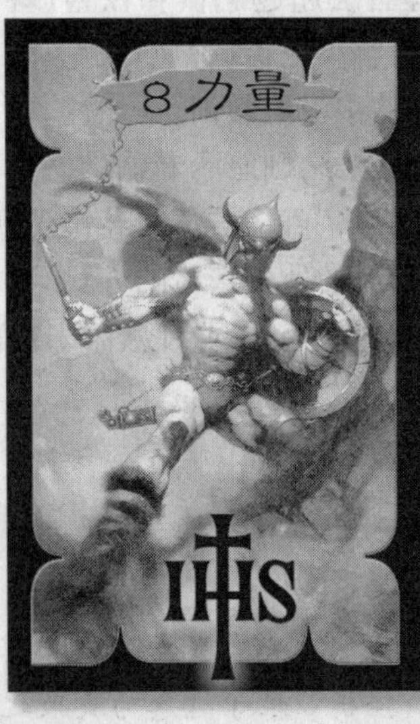

1.启示

力量来自于对抗，就像人们常说的，越使劲越长劲。

是对抗现实的努力，让人得到了力量。这份力量比皇帝更强。

为什么？因为皇帝是现实的同谋，他默许了世间所有不公，他和所有腐败的势力结成了同盟。皇帝不是力量，只是和现实的一种亲密关系。如果皇帝想要改变现实，他要么会被推翻，要么就只能依靠更强大的黑暗势力，和对方结成更紧密的关系。

而人的力量，是头顶苍穹的阿特拉斯，是不断推动巨石的西西弗，他可以折断石柱，可以征服巨狮，可以对一切黑暗的势力说“不”。

我们应该注意的是，事情到这里有了变化。本来，现实是人的老师，人在其中学习。但到了这个阶段，人就变成了反抗现实的勇士。

任何父亲都不希望儿子背叛自己，

但这个世界真实的规律，是人类代代相传，每一代都要发出自己的声音，建立自己的规则，都要背叛自己的祖先。

年轻的生命从一切经历中学习，他们成长的目标只有一个，就是拥有反抗的力量。

2.典故

这张牌首先使我们想起来的，是希腊神话中的大力士赫拉克勒斯，他是宙斯的私生子，被天后赫拉惩罚。他在希腊王欧律斯透斯的役使下，用十二年的时间，完成了十二项伟大的功绩。

国王交给赫拉克勒斯的第一件任务是：赫拉克勒斯必须为他剥下尼密阿巨狮的兽皮。狮子凶悍无比，人间的武器根本不能伤害它。赫拉克勒斯连射两箭，却伤不了它，于是挥舞连根拔起的橄榄树做成的木棒，朝狮子头狠狠打去。没等狮子回过神来，他就抱住它的脖子，狠命地卡住喉咙，直到它断气。

狮子的皮剥不下来，因为任何铁器也无法在它身上划出口子。最后，他用狮子的利爪割破了皮，终于剥了下来，用这张奇异的狮皮缝制了一副盔甲。

当国王欧律斯透斯看见赫拉克勒斯披着可怕的狮皮回来，吓得双腿发颤，再也不敢让他走近自己。

这张牌有的图案中，是徒手折断了石柱，这似乎来自于另一位圣经中的英雄——参孙。尽管他被俘虏，双目失明，却推倒了神殿的柱子，彰显出了上帝的伟大。此外，他也曾徒手杀过一头狮子。

在牌中，杀死狮子的常常是一位女子，她的形象应该来自于库瑞涅，狩猎女神阿尔忒弥斯手下的仙女。她曾经被阿波罗用战车掳走，并生下了孩子。

3.演变

在格灵戈梅尔牌中，是一位坐着的妇女。显然，她用了某种类似于“空手道”的方式，拦腰击断了一根圆柱。她的神色安详，看不出费力的样子。

到了贝氏牌，图案则变成了赫拉克勒斯手持大棒，征服内梅亚森林的猛狮。

塔罗基牌则融合了上述两方面的特点：一位女子折断圆柱，身后有一头狮子相伴。

马赛牌的女子戴上了宽边帽，这点在后来的设计中一再出现。图案表现的，则是赤手空拳，抓住一头狮子的上下颌。

瑞士的IJJ牌中，形象又变回了赫拉克勒斯，但他却放下了大棒，和狮子展开了肉搏。

沃思沿用传统图案，没做什么改变，惟一的区别是人物的神态更加安宁恬静，简直像在梳理宠物的毛。

皮托瓦也是如此，他称此牌为“驯服的猛狮”，一位赤手空拳的青年女子，毫不费力地打开猛狮的颌部。

实际上，从以上的图案中，很难看出女子在做什么动作，到底是掰开、合上还是空手抓着。

然而，到了韦特牌中，图案则非常

清晰:女子在用力闭上狮子的颌部。图中的花圈似乎要把女子和狮子连在一起,但实际上,却让它有了某种暧昧的意义。

4.解说

相关语:意志　对应星象:白羊座

狮子代表着人类的本能,而美女则代表服从、爱情与忍耐,以及由此而产生的无所畏惧、勇往直前的勇气。

这张牌所象征的,就是爱与坚强的意志力。有了它们,你就可以驾驭不易控制的能量,拥有道德和体能上的优越力量。若是欠缺了这些,那么人类就会无法克服困难,也就不会产生突破不可能的力量了。

这张牌用西方的方式体现了“刚柔并济”。不论在战车中、力量中,还是节制、正义……塔罗牌中可以清楚地读到西方社会对“平衡”的追求。只有在平衡之时,才是最好的。这张牌也不例外。

此外,它还意味着,你有能力面对生活和困难的环境,能以希望和内在的力量去改变现实。在身体上,则预示着有关心脏或脊椎方面的毛病。

这张牌正立时,代表个人的魅力以及追求成功的决心,意味着你有力量去面对所有的难关,因为心中充满了“爱”,这才是你勇气的来源。在爱情上,它预示着一段能发展出真正亲密感的爱情,两人可以互相倾听及倾诉,不会有被限制的感觉。

牌面倒立时,则意味着自满和滥权,会导致软弱,对人生感到了无希望,或害怕自己被热情和欲望冲昏头脑。你可以去做自己能够支配的事,由此帮助自己建立信心。

正位

不屈不挠的精神○将不可能化为可能的意志力○全力以赴○突破难关○坚强的信念和努力○挑战已知危险的勇气○神秘的力量○旺盛的斗志○轰轰烈烈的恋情○克服困难的真实爱情

疑心病◇犹豫不决◇实力不足◇无忍耐力◇危险的赌注◇勉强为之而适得其反◇丧失自信◇喜欢故弄玄虚◇体力不足◇自大、自负◇误用力气◇不敌诱惑◇爱情无法持久

逆位

第九张牌 隐士 The Hermit

1.启示

世间的规律是潮起潮落，一切都有兴衰。中国古代有句话叫作：“飙风不终朝，暴雨不终日”，力量也是如此，总会有衰退的时候。

当力量衰退，那并不是一瞬间的事，而是一个过程，看着自己的身体和心灵渐渐萎缩、渐渐衰老，看着自己心里的生命渐渐死去。那是一种缓慢的窒息，就好像喘不上气，心里压着大石头，而且没有任何办法排解。

这时，最本能的反应就是反抗，可如果你试着这么做，就会发现自己在泥潭里越陷越深，没有任何办法挽救。力量的规律，是在对抗中壮大自己，而这时你没有敌人可以对抗，只能感觉自己的心在枯萎。

惟一的办法，只有离开，从现实中离开，从心灵中离开，从原来的生命中离开，让自己退隐，变成隐士。

这时，你已经体会到了，时间如何让自己衰弱。下一步，就应该等待，自己在时间中慢慢复苏。

一切都会好起来，只是需要时间。不要以为自己对任何人任何事有责任，那是幻觉，人只对自己的心灵有责任。当它衰弱，就应该休息，从一切纠纷中脱离。

人一直把生命牢牢握在手中，可现在到了该放手的时候。这不是肉体的死亡，是精神的死亡，没有死亡就无法再生，就无法点燃活力和生命之源，就会变成行尸走肉。

放弃也是一种最深的觉悟。当人可以把一切放掉，不再被任何执著困扰，就会有新的智能在内心默默酝酿，新的生命在默默孕育。

2.典故

这张牌从各方面都与时间有关。时光之神克洛诺斯在他的每个孩子出生时，都将其吞入腹内。这以神话的方式表明，我们必须屈从于时光——“时光像潺潺的流水一样，把它的每个儿女带走”。

在希腊神话中，克洛诺斯是天神乌拉诺斯和地母该亚之子，黄金时代的开创者。

地母该亚生出许多兄弟姐妹，身材都巨大无比，叫做“泰坦”族。克洛诺斯是其中最小的，由于长相太丑，被父亲关在地府之中。

后来，他被母亲该亚救了出来，杀死了父亲，娶了姐姐，成为了神界的统治者。因为听到传言，说自己的地位将会被孩子取代，所以每当孩子生出来，就把他吞进肚里。

他是宙斯、海神波塞冬和冥王哈得斯的父亲。最后，他被自己的儿子宙斯推翻，并遭到放逐。

在希腊语中，克洛诺斯和时间谐音。

3.演变

这又是一个中世纪人物形象。无论哪种牌里，这个形象都没什么变化。

在贝氏牌和格灵戈梅尔牌中，都是一位蓄须、隆背的老者，身着修士的宽松长袍，手提一只滴漏。

在传统的马赛牌和IJJ牌中，隐士是一位老者，他身穿连帽大氅，朝右侧行走，右手提一只灯笼。很多解牌者都把他视为方济各会的修士。

沃思牌的图案与传统纸牌基本相同，但传统纸牌中，隐士的风帽披在背上，而这里却戴到了头上。显然，起风了，预示着环境变得更加严酷。此外，这张牌加进了一条小蛇，挺着身躯在一旁陪伴他，似乎预示着人类不可信，不如与禽兽为伍。

皮托瓦称这张牌为“遮掩的灯”。一位老者拄着手杖行走，举着一盏点亮的提灯，灯半掩在老者的大氅下。

韦特牌中，它也没有什么改变，只是风帽戴在头上，提灯的光呈六边形。

4.解说

相关语:探索　对应星象:天王星

隐士提着一盏灯,拄着拐杖,代表冥想、孤立与寂静,象征智能的结晶及绝对的纪律。

隐士是严厉的导师,他运用良心使人走上正途。

隐士是一个寻求答案的人,在黑暗中探索,期望得到真理之光。因此,此张牌含有解决问题,开导迷惘者的涵义。

这张牌代表独处,心智保持寂静,这样你才能听见自己心底的声音。想要得到内在的成功,你需要独自去经历一些事。跟随你的内在召唤,离开某种再也无满足你的情境。

如果隐士处在牌阵的中间部分,通常都可以比较简单地解释出来,但如果在结果位置,就稍显困难了。这时,我们可以重整牌局,或者注意周围的事物,必能从一些未曾注意的细微之处,或者无意间忽略的地方发现答案。

当牌面正立时,代表有所坚持、有目标、深沉且专注。在爱情中,意味着你很清楚自己在两性关系中你的独立性。

牌面倒立则表示专断、不易原谅他人、多疑及气馁。你可能感到非常地寂寞。它暗示着过长的工作时间,是为了避免和别人有真正的社交接触。如果你害怕放弃某些东西,将会失去成长的机会。

正位

智能与卓越见解○不断地追求更高层次的东西○思虑周密○冷静沉着○不多言○接触知性事物吉○正中要害的建言○活动慢慢进行较有成果○出局○追求柏拉图式的恋情○暗中的爱情

一视同仁◇不够通融◇不专心易生错误◇过分警戒,无法顺利进行◇秘密泄露◇过于固执,不听别人的意见◇孤独◇动机不单纯◇因怨言及偏见招人嫌◇轻浮的恋情◇怀疑爱情

逆位

第十张牌　命运之轮 The Wheel of Fortune

1.启示

退隐之后，命运在你眼前无比清晰地浮现。

经过足够长久的退隐，心情已经变得如同止水一般平静，就能对自己的生命有一个新的看法。你会看到，自己以往追逐的一切，都不过是在命运之轮上旋转，重复着人类千百年来的惯性。

是的，不光人的肉体有惯性，就连心中的魔力也受惯性的支配，总是自顾自地往前走，却忘了注意身边的世界变成了怎样。

无论你的父辈还是子孙，他们都是盲目地走在命运的轨道上，迎来自己的光荣和衰落，却根本无法改变自己，无法适应，只能被压抑或者被淘汰。

你会发现，世界的轮子残酷地旋转，把一切生命碾成齑粉，所有人都在争夺、争吵，没有一个人高兴，这就是命运的真相。

然后，在你眼中，人的生命变得不

再珍贵，那只是符号，代表着一份盲目的力量。所有盲目的力量在这个小小世界上纠缠，宽容、和解、宁静和幸福都还非常遥远。

这时，你就有了一种觉悟，不再甘心听凭命运的摆布，要凭借自己的力量跳出宿命的轮回。

这时，你的命运之轮，就握在了自己手中。

2.典故

这张牌来自于希腊神话中的命运三女神。她们中的第一个负责缠绕人的生命之丝，第二个来决定生命之丝的长短，第三个则负责剪断人的生命之丝。

命运女神曾指定欧罗巴作为宙斯的情人，促成了这段不光彩的外遇。当她被宙斯诱拐到了异国他乡，命运却把她遗弃在了那里，从此有了欧洲人。

命运女神一直嫉妒大英雄珀耳修斯，直到他失手杀了自己的外祖父，并为此放弃了自己继承的王国，命运女神才放下了嫉妒。

此外，她还让阿波罗的儿子被火烧死，让著名的俄狄浦斯王犯下了杀父娶母的滔天大罪。

命运女神也做过好事。当坦塔罗斯杀死自己的儿子宴请众神，是命运女神把撕碎的肉和骨头合在一起，让那个可怜的年轻人复活。

在图案中，有时会出现一个长着驴耳的国王，他是能点石成金的弥诺斯。一次，阿波罗和玛息阿比赛音乐，弥诺斯裁决玛息阿获胜。为了报复，阿波罗让他长出了这双驴耳朵。为了遮丑，弥诺斯不得不戴上高高的帽子。

3.演变

这张牌上画着中世纪最强有力的形象之一。它恰好位于牌面的中心，随着时间的推移，曾被加进和剔除了各种形象。因此，和其他的牌相比，它经历了最多的变化。

传统的命运转轮图案中，有三个人在轮子上，第四个人在轮子底下。坐在轮顶的是一位头顶王冠的君主，标有“我是王”；轮子上部是一个青年，标有“我将为王”；轮子下部是一个中年男子，标有“我已为王”；轮子底部是一个老者，标有“我没王权”。

贝氏牌的命运轮中，蒙着眼的命运之神坐在轮子正中，轮顶上是一个长着驴子耳朵的天使。

传统的马赛牌中，沿用了中世纪的图案，但是又有所改动。轮顶被一只猴子占据，它头戴王冠，左爪持一把宝剑，背后既像有一对翅膀，又像是披着一件斗篷。轮子左边，爬着的是穿着条格裙的猴子，而右边则或许是一只猴子，或许是一条狗。轮子上有一个曲柄，却没有人去转动它。

瑞士的 IJJ 牌，有趣之处在于，脱离传统图案甚远。命运之轮矗立在悬崖边上，命运女神几乎全身赤裸，在转动着曲柄。轮顶坐着一对 18 世纪的青年男女，男子表情不以为然，女子却忧郁地注视着下面的深渊。在她下面，正有一位青年男子掉下悬崖。意味深长的是，在轮子的两个支架中间，盛开着一簇玫瑰花。

到了沃思牌，命运之轮立在一艘船上，两条蛇对称地绕在支柱上。轮子上方，是长有双翼的怪物。正在往下转的，是手持三叉戟的恶鬼，往上转的，则是一条拿着赫尔墨斯带翼节杖的狗。

皮托瓦称此牌为“斯芬克斯”，向上爬的是灵魂之神赫麦纽比斯，抛到下面的则是邪恶的灵魂堤丰。斯芬克斯手持长矛，位于轮顶，是命运之神的化身，随时准备向左右攻击。

韦特牌的图案与传统图案相距更远。他的轮子是传统风格的圆形，上面有字母“rota”，也可以把它读做“taro”。在这些字母中，夹着上帝的名字。轮顶坐着斯芬克斯，右边向上的是长有豺头的安努比斯，左边往下的则是一条蛇。牌的四角，则是启示录中的神秘动物：人、鹰、公牛和狮子。

4.解说

相关语：轮回　对应星象：月亮

命运之轮，告诉我们一种未可知却主宰我们的力量，有时候情势并非在我们的控制中。不论是意想不到的幸运，还是低潮期，并非是我们所控制的。

这张牌象征时运的逆转。除了变动本身，世上并没有真正恒常不变的真理。事实上，人生不管成功或失败，都与命运之轮紧紧相系。所以，生命中的成败输赢都不会是永久固定的。

解牌时，只要抓住“变化”和“命运”，相信没有什么问题。不过事实上，如果继续学习下去，会发现其中有很多奥妙。

当牌面正立时，意味着不管你喜不喜欢，改变终将来临。改变，只是一种过程，没有绝对的好或坏。在爱情中，则暗示一段爱情关系趋向圆满的可能性增加了。改变带来成长和学习的机会。这段情感，可说是你人生中一段重要的经历。它象征命运的轮回，也许是命中注定，你们要经历这一段人生路。

当牌面倒立时，则意味着要去对抗这份改变可能比较艰难。请抛下过去的阴影，迎向崭新的未来！

正位

机会到来○随机应变能力佳○好运○转换期○意想不到的幸运○升迁有望○变化丰富○好时机○宿命的相逢○一见钟情○幸运的婚姻○富贵的身份

低潮期◇时机未到◇评估易出错◇时机不好◇没有头绪◇居于劣势◇生活艰苦◇情况恶化◇计划停滞需要再等待◇失恋◇短暂的恋情◇易错失良机

逆位

第十一张牌 正义 Justice

1.启示

在变幻的世界上，你希望抓住一些确定的事情，那是重新掌握自己的命运之后，第一件要做的事。

它应该不以任何人的好恶利害而转变，应该是支撑着世界的磐石，应该是命运之轮的轴心。

那就是正义。这不是人们嘴里说的那个词，而是冥冥中注视着人间是非善恶的那双眼睛，让人为自己的行为承担结果，无情，也无欲。

正义并不是一种主动积极的姿态，而是命中注定不可抗拒的力量，让一切生命为自己的过错受罚。

正义是残酷的。因为它从不去奖励，只进行惩罚，而且无人能免。人的福分和好运，都不是来自于正义，而是来自于自己的努力和付出。当人和正义发生关系，那就只能是受罚。

你长久地沉浸在天地的浩然正气里面，从里面感觉到了爱。

你开始明白，惩罚是一种警示，引导人们做更好的自己。没有正义和惩罚，生命就只能堕落和沉沦。

父母爱孩子，就要管教，不让孩子学坏。造化爱人，也要管教，不让人失却自己的本心。不被惩罚的人，就已经被这个世界抛弃了。

你开始爱上了正义，愿意充当造化的手，在人间行使惩罚。这是你对人们最大的爱，但同时，也让朋友们和你拉开了距离。

2.典故

这张牌来自于希腊神话中的雅典娜。她从宙斯的前额出生，是正义女神。

雅典娜曾帮助普罗米修斯造人，惊叹这泰坦神之子的创造物，于是便朝具有一半灵魂的泥人吹起了神气，使它们获得了灵性。但后来，因为嫉妒普罗米修斯，亲自为灾难之源潘多拉梳妆打扮。

她还曾经指点珀耳修斯割下了美杜莎那长满毒蛇的头。

她是雅典城的守护神。在古希腊，雅典娜大祭典是雅典城最主要的庆祝活动。女神生日到来之前，要举行各种比赛，还要举办一次夜晚火把赛跑，目的是为了博取她的欢心。生日那天，全城游行，富人出钱，让自己的妻女为女神织一件最美的服饰，以表虔敬之心。

还有一种说法，认为这张牌是西弥斯，专司公道和忠言，同时负责解释众神的旨意，并拥有发布神谕的权力。

3.演变

法官是一个地道的中世纪人物形象。她戴着女帽，端坐在宝座上，右手持宝剑，左手则提着天平。这个形象被各种版本的塔罗牌所采用，区别甚微。

在瑞士的IJJ牌里，法官身上披着某种盔甲，而且是站立着。

沃思牌里，把法官排在了第八张，但从图案上来看，和传统的没什么区别。

皮托瓦把这张牌称为西弥斯，画着

一位妇女，头戴饰有矛头的桂冠，坐于宝座之上，右手持一把向上指去的弯刀，左手握着天平。虽然他把这幅图像还原成了古埃及壁画，但还是和传统纸牌十分相似。

在韦特牌中，和传统纸牌的最大区别在于，法官头戴一顶有正方形切口的桂冠，像是城墙上的垛口。

4.解说

相关语：均衡　对应星象：天秤座

这张牌画的是一位拿着天平、左手握着剑的审判女神。她维护正义、力求公平，透露出冷静且严厉的气质。她提醒我们遵循整个宇宙的规律，只要我们坚持正道，生活就能维持平衡与和谐。

虽然人人都想要生而平等，但却常常受到外来的偏见与利害之影响而有失公允。因此，这张牌警示着我们，不论在何时何地，都必须坚守着道德与正义，并且还要有宽容的心胸，不可有丝毫的懈怠。

这张牌意味着，做出公平而正当的决定。只要对自己诚实，并负起下决定的责任，你的未来将会改变。它代表一项有利于你的法律决定，或成功地解决某项争议。

这通常并不是难解的牌，重点就是“道德”与“平衡”，是否拥有这些，就是整个事件的关键之处。

这张牌正立时代表正直、公平、诚实和纪律。在爱情中，它代表你已解决了和伴侣之间的争议，或你对伴侣及两性关系有一种诚实而负责的态度。如果正义和圣杯 2、圣杯 10 或圣杯 3 一起出现的话，可能暗示着结婚。

倒立时则暗喻消极、疏远、惧怕创新以及不满，代表着一场永无休止的争议或不协调。这是一个自救的时机，如果不能了解原因，那么事情将会一再地重复出现，直到你学到教训为止。

正位

公正○严正的意见○良好的均衡关系○严守中立立场○凡事合理化○身兼两种工作○协调者○与裁判、法律相关者○表里一致的公正人物○以诚实之心光明正大地交往○彼此能获得协调

不公平◇不平衡◇不利的条件◇偏颇◇先入为主的观念◇偏见与独断◇纷争、诉讼◇问心有愧◇无法两全◇天秤两边无法平衡◇性格不一致◇无视于社会道德观的恋情◇偏爱

逆位

第十二张牌　吊人 The Hanged Man

1.启示

人间的规则和天地间的法则不一样。没有人关心正义，每个人都关心利益。

本来，任何生命都应该被善待,即使对方是你的食物,你也应该存有一份尊敬和感谢之心。

可是在人间,一味地掠夺改变了生态，变异的环境生出了变异的病毒,而人们依然不知道反省。

如果你追求正义,就会和历史上无数为正义献身的人一样，为世人所唾弃。无它,只因你侵犯了别人的利益,别人就会把你当做仇敌。

在人们眼中，世上最危险的人,不是贪得无厌只知道掠夺的家伙,因为他们能被收买,只要给钱,就能换得一时的平安。

最危险的,恰恰是不在乎一己私利的人,是大公无私的人,是为了真理抛头颅洒热血的人,因为他们无法收买。

为了心中的正义,去侵犯别人的利益，这样的人会威胁到每个人的安危,所以每个人都会联合起来对付他。

而这张牌所讲述的,就是坚持正义的代价——被吊起来示众,杀一儆百。

吊人的含义是广泛的。也许,你并不会受到直接的惩罚,但却能感受到大家的疏远和无形的隔离。于是你会明白,每个人都要过他的小日子,没有人愿意为了别人的幸福付出一切。

选择正义，就是选择了英雄之路,选择了孤独。也许死后你会被人景仰崇拜,但那只是因为你已经死了,不会再威胁到任何人的利益。在活着的时候,你注定孤独,注定疏离。

2.典故

这张牌相当于希腊神话中的普罗米修斯。

普罗米修斯用泥土造人,并教会了他们各种劳动技能和文化知识。

众神集会讨论人类的献祭要求,以此作为保护人类的条件。普罗米修斯欺骗了宙斯,让宙斯挑选了一堆用牛板油包起来的骨头。于是宙斯决意报复,拒绝向人类提供火种。

普罗米修斯用茴香秆伸近阿波罗的太阳车,取得了火种,带到了地上,也因此被宙斯锁到了高加索山上。

宙斯派一只恶鹰,每天去啄食被缚的普罗米修斯的肝脏。肝脏很快又恢复原状，第二天所有痛苦还要重来一次。直到有人自愿为他献身,他的痛苦才能终止。

后来，他被大力士赫拉克勒斯所救,人马喀戎自愿为他献身。

从此以后,普罗米修斯必须永远戴一只铁环,环上镶上一块高加索山上的石子,表示他依然被锁在那座山上。

3.演变

这张牌引起的争论胜过塔罗牌里的任何一张。

葛贝林认为，这张牌被倒置了,它应该是单腿站立的男子，正审视着地面,看应该把另一只脚放在哪里。他认为,这张牌应该代表谨慎。

他的说法一度被很多人接受。幸运的是，我们又找到了一些更古老的纸牌,它们并不支持葛贝林的说法。

在格灵戈梅尔牌中,清清楚楚地表现出,这是一位倒吊的红发青年,他一手抓着一个钱袋，里面装着不义之财,这是对欠债人的一种古老的惩罚方式。

贝氏牌中，被吊的人两手绑在身后,两腿交叉。这种形象被所有的传统纸牌采用,瑞士的 IJJ 牌也大致如此,只是两腿的交叉不太明显,并且两臂的位置也比较模糊。

沃思牌的图案和传统非常相似,但是可以看到腋下一边一个钱袋，金币、银币正从里面散落出来。绞刑架设在两树中间,每棵树被砍下了六根枝杈。图中人两手绑在背后,两臂弯曲,成为一个倒三角形,三角的顶端是他的头。这是处以极刑的象征,也可以理解为英勇献身。砍去的12棵枝杈意味着生命的终结,倒三角形则象征着灾难。

只有韦特牌的区别较大。图中的人不是吊在绞架上,而是吊在“T”形架上。他的双腿交叉,双臂背在身后,但是头部有一个光轮,发出灿烂的光辉。

4.解说

相关语:牺牲　对应星象:双鱼座

这是一位被倒吊在树上的青年人。从牌面给人的印象看,它象征自我牺牲。

但我们可从这青年的表情看出,他似乎是一点痛苦也没有,这是因为,即使肉体毁灭了,灵魂却还会永远存在。这名青年明白了其中的道理,所以才会有如此安详的态度,使他舍己为人,在所不惜。

因此这张牌显示的,就是遇到再糟的状况,只要我们耐心等待,噩运终究会过去的。不论再险恶的命运,仍旧会如同肉体一般,消失殆尽。

当你用不同的角度去看事情时,将会有不同的感受。挣扎也没有用。惟有好好利用这段时光去省思,放弃不必要的东西,才能去做真正该做的事。让生命中的事物自然而然地发生,或许将为你带来惊奇。

牌面正立是有偿的牺牲,表示认清极限、解决问题和拥有人文特质。在爱情上,吊人代表着一段反省的时光,内在的和平及宁静伴着此牌而来。

倒立则是无偿的牺牲,代表在精神上有所局限,并且缺乏远见。你会听从别人对你的期望,而不是顺从你真正的想法。它也可能代表你正在抗拒着自己的某部分,不肯顺从自己的精神目的。也许你并不了解现在到底是什么东西束缚了你,现在并不适合挣扎,因为时机未到。好好利用时间反省,顺从自有好处。

正位

接受考验○无法动弹○被牺牲○有失必有得○教训○过渡期○不贪图眼前利益○浴火重生○多方学习○奉献的爱○明知辛劳但全力以赴

逆位

无谓的牺牲◇折断骨头◇有恶运,居于劣势◇任性妄为◇不努力◇变得没有耐性◇利己主义者◇受到惩罚◇无偿的爱◇缺乏共同奋斗的伙伴

第十三张牌 Death 死神

1.启示

经历了所有这一切,你的道路就走到了尽头。于是,你死了。这并不是肉体的死亡,而是精神上的毁灭和新生。

自然界的任何物种都有生有死,所有生命都无法避免死亡,人的精神也不例外,那种剧烈的痛苦,不亚于肉体的毁灭。

你一直认为自己的生命是独一无二的,有自己独立的价值,有自己的尊严、骄傲和选择的权力,更重要的,是拥有属于自己的成长,让你能看到自己的生命不断更新。这是最令人振奋的事情,因为你不知道自己会变成什么样,不知道自己会走向何方,你的生命每天都是新的。

然而一路走来,你和世界的距离越来越远,没有人喜欢你,没有人需要你,没有人愿意了解你。似乎,你的存在只能让别人不高兴,如果你不存在的话,所有人都会过得更好,至少不用去面对你带给他们的尴尬和难堪。

这时,你生命的根基就会慢慢发生动摇,好像偌大的世界里,没有自己的立锥之地。

人类共同生活、结成社会,是因为互相需要。既然没有人需要你,既然你的存在只能让别人不高兴,那你还有什么存在的必要?你为什么不去死呢?

而一个人坚持自己的道路,就好像在旷野中呼喊,注定了得不到丝毫回音。就算你有勇气,你可以坚持,但每天坚持着没有希望的努力,总有一天,你也会觉得疲惫。

虽然自己心里有那么多美好的礼物要带给这个世界,虽然心里有那么多对他人的爱,但似乎,你生错了年代。既然是这样,你为什么还要继续那些注定徒劳的努力?

于是你放弃。肉体虽然还在生存,但心中一切赖以生存的信念,全部都彻底坍塌了。

2.典故

这张牌来自于冥王哈得斯,罗马名字为普路托,掌管地府。

希腊人认为,死者其实并没有真正地死去,而是继续存在着,他们只是从坟墓里给人们带来福祉或者灾难。为了取悦于死者,人们给他们送上许多殉葬品,供他们像活人一样地使用,这里包括饮料和食品。

随着死者灵魂继续生存的意识,人们又创造了一个死者的共同王国,一致推举哈得斯和珀耳塞福涅作为冥王和冥后,让他们主管死者集居的阴司地府。

珀耳塞福涅是谷物女神得墨忒耳跟宙斯生下的女儿,被冥王掳去。后经过众神的调解,她半年留在冥府,半年留在人间。所以,女儿不在的日子里,谷神也无心工作,大地一片肃杀。

哈得斯王国就其原意来说,并没有被看做惩罚或者表彰的地方,死者的灵魂往往在死后都渴望尽快地到达那里。所以,他们甚至会请求活人,赶快安葬或者火化自己,以使自己在哈得斯王国里迅速寻得安身之处。

3.演变

死神是又一个中世纪的典型形象。通常,他是一个骷髅,骑在马上,手拿长柄镰刀,踏在君王、教皇和红衣主教的尸骨上。

在格灵戈梅尔牌里,就是传统的形象,而且死神头系一条白色围巾,在风中飘舞。

贝氏牌也和它很相似,区别在于死神站立着,并且手里持一把带弦的弓。

在传统纸牌里,死神是一个骷髅,手拿长柄镰刀,一副收获的姿势,走在由人头、腿、手和骨头铺成的田野里。瑞士的 IJJ 牌中,姿势与此相仿,但田野上却是干净的。

沃思牌充分借鉴了传统纸牌,死神的脚下,还有一个人头戴王冠。

皮托瓦对这张牌的描述也没什么

变化，他称此牌为“长柄镰”，认为象征着在时间的王国里，任何人都会毁灭，但也能获得永久的新生。

韦特牌则从不同的纸牌中吸取其成分，把它们结合在了一起。他的死神从头到脚披挂黑色的盔甲，骑一匹白马，手中没有任何武器，而是左手握一面黑旗，上面是一朵白色的玫瑰纹章。在他穿过的田野里，有一具国王的尸体和一个孩子。

4.解说

相关语：结束　对应星象：冥王星

大阿卡纳中最容易被误解的是第13张牌，也就是“死神”。

不过，我们极少依字面意思去解读。通常认为，它的积极意义是抛开过去、超越限制和持续成长。所以，这张牌是希望人们避免沮丧、悲观或忧愁。

作为占卜师，我们要明白死神之死，在于置诸死地而后生。结束也许正是你需要的，而在经过历炼之后，会是一番更好的美景。

当牌面正立时，实际上代表顺从变化，放下某些你曾紧抓不放的事物，并且得到新生。如果你接受死亡，就会活得更充实。死亡牌只有和高塔牌、审判牌、空白牌、宝剑10或6，或是分析健康的牌面上，要有宝剑3，才可能代表着肉体上的死亡。在爱情上，它则意味着，你的两性关系即将发生深刻的改变。

当牌面倒立时，意味着你不相信，改变会带来更好的结果，所以你害怕任何形式的改变。你重复着单调的生活，试图掩饰面临改变的绝望。

正位

失败○毁灭之日将近○损害继续延续○失业○进展停滞○交易停止○为时已晚○停滞状态○生病或意外的暗示○味如嚼蜡的生活○不幸的恋情○恋情终止○彼此间有很深的鸿沟○别离

逆位

起死回生的机会◇脱离低迷期◇改变印象◇回心转意再出发◇挽回名誉◇奇迹似的康复◇突然改变方针◇已经死心的事有了转机◇斩断情丝，重新出发

第十四张牌　节制 Temperance

1.启示

放弃之后，你得到了真正的觉悟——不属于你的东西，丢掉了也没有什么可惜，而真正的好东西，即使你把它彻底抛弃，它还是能够从你心灵的焦土中再次萌芽，渐渐长大。

这是你有生以来，经历的最神奇的事情。看起来自己已经完全变了一个人，但内心深处，还是有一些宝贵的品质一脉相承。你的感觉，就像在转世重生之后，回顾自己的前世今生，从自己的心中发现了深深埋藏的宝藏。

这时，你就对自己有了新的认识。你发现，原来那个孤身对抗整个世界的人，并不是真正的自己。

原先，自己身上有太多的火气，太多的愤怒，这都是现实环境造成的。原来的自己就像一面镜子，反射出世界的颜色。这个世界是浮躁的，自己也变得焦急不耐。

而你所经历的这次精神上的死亡，

抛弃的实际是这个世界对你的影响，是套在你头上的枷锁。死过一次，你就不再是那个由环境塑造出的人，你重新有了选择的权利，可以决定做什么样的人，过什么样的生活。

你最大的转变，其实就是节制。精神的重生，让你不再追求极致，而是开始懂得节制。

学会节制的你，心胸变得更加宽阔，可以接受各种各样的人和事，可以欣赏一切美好，可以宽容对待犯错的人，可以放下自己坚持多年的目标，以及由之而来的焦虑。

因为，旧的你已经死去。

2.典故

这张牌来自于希腊神话中的彩虹女神，名叫依瑞斯，专门为宙斯和赫拉送信。她穿着一件落地长袍，靠一对金色的翅膀飞行，来完成她的使命。当众神返回奥林匹斯山时，她服侍他们，给他们端来琼浆玉液和美味佳肴。

此外，基督曾创造把水变成酒的奇迹，而在他死后的祭奠仪式中，酒则成了他宝血的象征。

或许，这里还有2世纪诺斯替教的马科斯举行圣餐时的记忆：一杯水和一杯酒，他把它们混合在了一起。

3.演变

这是一张用传统的中世纪方法描绘的牌。从贝氏、格灵戈梅尔到沃思和韦特，我们都看到了同样的人物形象：一位妇女，通常是站着的，但在格灵戈梅尔牌中坐了下来。她一只手里拿着细颈瓶，在往另一个细颈瓶里倒着某种液体。

早期的纸牌中，她戴着王冠，但随着塔罗的演变，王冠变成了一对天使的翅膀。

对那些认为应该节制饮酒的现代人来说，节制就意味着往酒里掺水。但对中世纪的人来说，这个形象具有“分开”的含义，把瓶子里的一半液体倒进另一个瓶子。

皮托瓦给予这张牌非常不同的含义——太阳神的创始力。他将其描绘成太阳神，而倾倒的姿势，则象征着自然界里不断产生新的组合物。

即使在韦特牌那里，也没有离开这个传统的形象。那个女子站在水池旁边，一只脚在水里。她身后是一条通往山林的小路，还有冉冉升起的太阳，水池边上长满了黄色的鸢尾花。

4.解说

相关语：净化　对应星象：山羊座

牌上这位可爱的小天使，正缓缓地将水倒入圣杯中。这两个圣杯，分别代表着“物质”与“精神”，借此表达对现实与内心的渴求。若是两边的杯子都注满，那么便可取得平衡，引导人走向成功之路。因此，如何调节水量，使它不致于溢出来，就成了首要课题——我们称之为“节制力”。

这张牌教导我们，人生在面临心中各种各样的欲望之时，最重要的就是如何将它控制好。

它可以让我们感觉到一种善良和平和。它并不像其他牌那样，暗示着快乐或巨大的成功，而只是平平淡淡的生活。但这，也是真正的幸福。通过调整到最好状态，通过交换达到平衡，是这张牌中的重要内涵。

它还代表把自发性和知识结合起来的能力，运用知识和理解力来调节行为的能力。它告诉我们，所有事情都有自己的目的，而且能提供我们成长的机会。它是代表“行为”的牌，代表着某种特定状况下的适当行为，可以带来内在的平静。

牌面正立时代表节制，正好能调适我们的热情，不致过分越轨，帮我们获得新的真知，融入日常的生活中。在爱情中，这是一段会发生重大成长与学习的两性关系，两个人都能按照忠于自己的方法做事，实现激情和灵性的融合。

当牌面倒立时，意思就变成了轻浮和过度追求时髦。也可以代表学习或旅行。它也可以被解释为“没有目的的行为”，你应该回到死亡牌，让改变发生，才能把未来看得更清楚。

正位

单纯化○顺畅○交往平顺○两者相融顺畅○调整○彼此交换有利条件○平凡中也有重要的契机○平顺的心境○纯爱○从好感转为爱意○深爱

消耗◇没节制的损耗，对身心产生不好的影响◇疲劳◇不定性的工作◇缺乏调整能力◇下降◇浪费◇不要与人合作◇不融洽◇爱情的配合度不佳

逆位

第十五张牌　恶魔 The Devil

1.启示

精神上的死亡,等于是把原来的自己放在一边,重新开始新的生活。但你原来的自己和原来的魔力都没有消失,它们只是休眠了，随时都有可能醒来。人很难完全洗掉自己的过去,通常只能不去理会而已。

魔力这种东西，通常都很偏执,认准了一个方向就不停往前跑,不在乎别人的反应,也不管身边的环境变成了什么样。一旦你受魔力控制,就会变成一根离弦的箭，衰弱和陨落就成了你的宿命。

而节制，则让你的心发生变化,真正克制住了内心的魔力。你开始明白,魔力只是你的一部分，除了它以外,生命中还有许多。

长期的修行,已经让你变成了高能量的载体。当心灵的魔力被克制,那些能量就要寻找别的渠道释放。于是,你的生命力量由此觉醒,你变成了恶魔。

恶魔的意思，就是接受生命力量的支配，不知道自己会做什么，也不知道自己会变成什么样。甚至，不知道自己是好人还是坏人。

你的精神探求已经遇到了阻碍，前面没有路了，惟一的办法就只能是回归自己的生命本原，任凭生命的力量爆发。

这种力量从来不会尊重任何规则。它不被任何东西束缚，不被任何东西保护。你失去了所有依靠，从此开始了一次无法回头的旅程，走上了不归路。

从消极的角度看，羽化成魔可以把身上积累的所有不好的东西放掉。从积极的角度看，质疑现有的规则，才能改进，才能发展。

但这些都是别人的看法。对自己来说，如果还有别的选择，谁也不愿走这条路，让自己对自己彻底失控。这要冒太大的风险，行为出问题会触犯法律，精神出问题会被隔离。

之所以迈上这一步，只是因为生命需要试验，要在各种体验中寻找参照的标准，也要在自身潜能充分爆发以后，重新认识自己。

做出这样的选择很难，能成功地走过疯魔岁月，则是更难的事。

2.典故

魔鬼的形象，来自于“令人恐惧的堤丰(Typhon)”，他是天后赫拉生下的畸形儿子。

在埃及神话中，对应的形象是奥西里斯(Osiris)的坏兄弟塞特(Set)。他是邪恶之神，人身兽头，口鼻似猪。一切的创造和恩赐都来自奥西里斯，而一切的毁灭和邪恶都起源于塞特。埃及人把他描述为一条分叉的尾巴和两只僵硬的四方耳，后来这两只耳朵变成了角。

还有一个古老的密斯拉教，在基督教初创时期非常盛行。密斯拉是最古老的众神之一，最早出现在印度的文学作品《吠陀》中，并在公元前1400年被人们膜拜。密斯拉神的仇敌叫热恩，他通常有翼，狮子头，还带着一对钥匙。有时他的脚像爪子一样裂开，一条蛇像尾巴一样缠绕着他的身体；还有的时候，狮子头被画在他的腹部。

这张牌里，山羊的角和蹄来自于希腊的动物与森林之神潘(Pan)。到最后，潘成了宇宙之神、万物之神。

他追求一位山林女神绪任克斯，但她总是巧妙地摆脱追逐，因为害怕结婚。

在一次追逐中，她逃到拉同河边，河面很宽。姑娘很焦急，只得哀求她的守护女神阿耳忒弥斯同情她，在山神还没追来之前，帮她改变模样。

这时，山神潘奔到她面前。他张开双臂，一把抱住站在河岸边的姑娘。但使他吃惊的是，他发现抱住的不是姑娘，而是一根芦苇。

山神忧郁地悲叹一声，声音经过芦苇管时变得又粗又响。这奇妙的声音总算使失望的神祇得到了安慰。

“好吧，变形的情人啊，”他在痛苦

中又突然高兴地喊叫起来，“即使如此，我们也要结合在一起！”说完，他把芦苇切成长短不同的小杆，用蜡把芦苇秆接起来，做成了芦笛。从此，芦笛就成了他的象征。

此外，魔鬼头上长角的头盔，是罗马时代克尔特神的装饰。

3.演变

值得注意的是，在格灵戈梅尔和贝氏牌里，都辨认不出这张牌。

它最早出现在明基阿塔牌中，是一个头上长角、身上长翅、动物蹄、用蛇当腰带的形象，手里还持着三叉戟。它和吊人、死神、高塔构成一组，都预示着大灾大难。

到了马赛牌，这个长翅的人物站在某个基座上，左手拿着宝杖，两个较小的魔鬼站在两边，脖子被一根绳子拴到了基座上。

到了瑞士的 IJJ 牌，人物回到了中世纪的形象，魔鬼长着短角，一条弯曲的尾巴，还有动物的蹄。他拿着一把长柄叉，脚边坐着一位痛苦的女人，把头深深埋在两手之间。

沃思牌中，魔王变成了孟戴斯山羊，背后的含义是，他已经成了圣堂武士崇拜的偶像。这个魔王头上长有宽大弯曲的角，一张长满山羊胡子的脸，裸露的身体上有一对女人的乳房，绿色的鳞状物覆盖着两条大腿。

在皮托瓦的描绘中，魔王变成了令人恐惧的堤丰。他从燃烧的深坑里钻出，并且在身边被锁住的人头上挥舞火炬。

相比而言，韦特牌的设计完全依照传统。这个长着蝙蝠翅膀的魔王与天使的姿势相似，他脚下被拴住的魔鬼一男一女。魔王的右手举起，第二、三根手指分开，手上写着象形文字，左手则拿着一把颠倒的火炬。

4.解说

相关语：诱惑　对应星象：土星

恶魔有着一对驴的耳朵与一副令人毛骨悚然的笑容。而他手中所握的丑陋头颅，更是象征着人世间的男男女女。由于受到强烈的性吸引、非理性与热情的影响,这张牌呈现交错的恐惧与欲望。

这张牌警告着人类,不要禁不起邪恶的诱惑,不然的话,可是会遭遇到悲惨的结果。而恶魔的长指甲,更是说明了他的力量有多么强大。一旦屈服在恶魔的轻声细语之下,你的生命也就宣告结束。因此,每个人都应该要坚持自己的信念,不可轻易放弃。

恶魔利用人对安全和金钱的需求,使人们成为他的奴隶。它否定了生命中任何精神上的目的。为了追求有形的事物,你变得非常自私,可是当生命结束的时候,这些物质和目标就都不再有任何价值了。

它代表一种错误的观念,你以为所拥有的只有物质,你不愿为自己的行为负责,真正的限制在你心里。恶魔的诱惑是针对心灵的，注意心灵的状态,是非常重要的。

它也代表事业成功,因为你终极的目标只有一个,就是钱。

当牌面正立时,代表感官的魅力和热情的表达。在爱情中,则可能是一段由爱开始的关系，变成了一种束缚,你已被欲望或惯性支配。你接受了糟糕的状态而不愿改变,你无法学习,也没有成长的机会和快乐。这段感情还可能建立在嫉妒和控制欲基础上，意味着纵欲，只不过是为了性爱而维系的一段关系。

当牌面倒立时,提醒我们即使肢体上受到束缚，精神上还是可以自由翱翔。你正在积极地寻找改变之道,即将找到新的选择。你试着要走向自由,做出抉择。这时,只有放下你的控制欲,才能发现真正的自由。

正位

被束缚○堕落○恶魔的私语○卑躬屈膝○欲望的俘虏○荒废的生活○举债度日○病魔入侵○夜游过多○不可告人的事○恶意○不可抗拒的诱惑○私密恋情○沉溺于感官刺激之中

逃离拘束◇长期的苦恼获得解放◇斩断前缘◇越过难关◇暂时停止◇拒绝诱惑◇舍弃私欲◇治愈长期病痛◇别离时刻◇如深陷泥沼爱恨交加的恋情

逆位

第十六张牌 塔 The Tower

1.启示

死神夺去人的呼吸,代表精神的死亡,而塔的坍塌,则完全是物质的。

这张牌意味着，走出恶魔的迷乱，还要面对物质上的彻底剥夺。

实际上，这两张牌的内涵一脉相承。恶魔是解脱了一切束缚的生命,是不肯遵守任何规则的人,它面前没有任何限制,只有强大的能量。这种力量能够带来物质的财富,能够带来事业的辉煌,也能带来惩罚。

你或许也曾沉浸在财富和事业的快乐中,但这种快乐不会持久。只有当惩罚出现,你才猛然感到,这就是自己要找的东西。

你就是要过分,就是要迷乱,就是要反抗规则,但这些都仅仅是无形的能量。只有惩罚到来,你才能得以调整自己,建立起属于自己的有形的规则。你变成恶魔的真正目的,就是寻找自己的规则。你认为这新的规则更好、更有活力,能为世界带来新的生机。

这时,你就不再重视所谓的财富和事业,那些只能给自己带来暂时的满足。你要的是荣耀,要成为规则的制定者,要成为这个世界的精神主宰,要让新的规则被人们接受。于是,你把你的一切财富、荣耀和地位,都奉献给了新的规则。在人们看来,你就是彻底放弃了它们,永远失去了它们。

人们对你又爱又怕。爱你是因为想借助你的力量,为自己换取利益,怕你则是因为,他们不知道你会把他们带往何方。他们想捞一笔走人,他们不想成为你的牺牲品。他们像蛀虫一样爬满了你的全身,口口声声拥护你的规则,其实他们真正拥护的,只有利益。

最后,总有一天,你会对他们的口是心非感到绝望,会厌倦这徒劳无功的理想。你不惜一切要提高人们的精神层次,而人们则像吸血鬼一样,只想把你吸干。

那时,你苦心筑就的高塔,就到了坍塌的时候。

2.典故

在希腊神话中,这张牌象征着海神波塞冬(Poseidon)。

克里特王弥诺斯想讨好海神波塞冬,发誓要把海上浮起的东西当做祭品。于是,海上浮起了一只白色的美丽公牛。

弥诺斯突然改了主意,不愿意向海神奉献,于是波塞冬让牛发疯,和弥诺斯的妻子欢好,生出了半人半牛的怪物弥诺陶洛斯。弥诺斯为怪物建造了一座迷宫,把俘虏扔进迷宫,喂给怪物。

后来,怪物被波塞冬的儿子忒修斯杀死,波塞冬用地震把迷宫震碎,救出了困在里面的俘虏。至于忒修斯,最后成了新的克里特王。

在圣经中,还有一个巴比伦塔的故事。人类建造了高塔,要让它达到天庭,结果受到了上帝的惩罚。上帝毁掉了高塔,变乱了人们的口音,让人类从此分散各地,说不同的语言,彼此无法沟通。

此外,在中世纪,还有一个"金色传奇",讲述圣母全家逃离希律王后,每进入一座城市,都引起了异教徒的教堂和祭坛崩塌。在几个大教堂里,都有描述这个故事的壁画。

3.演变

在传统的马赛牌和IJJ牌中,这座塔有一个城堡样的塔顶,已经被闪电击到了一旁,砖头向两边散落,火舌向四下蔓延,两个男人跌落地面。

格灵戈梅尔牌中,则没有这些人物,塔顶也安然无恙,但碎砖头和火花正从侧面散落。

沃思牌的描绘与传统图案大体一致,下跌中的一个人戴着王冠,闪电则是从右上方的恒星发出的。皮托瓦的描绘,也与此类似。

在韦特牌中,这个冠状的塔顶变成了一顶真正的王冠,这个王冠已经被击入空中,但在其他方面,则与传统牌基本一致。

4.解说

相关语：毁灭　对应星象：火星

所谓“塔”，正是有名的“通天塔”。人类曾经创造了伟大的文明，他们因此而自傲不已，于是决定制造通天塔，到达天界，以证明他们和神有同样的力量。神因此决定让人类语言不通，于是人们也就因为隔膜，无法齐心协力建造塔了。

这是一幢高耸庄严却遭到雷击而坍塌的塔。它代表着人类即使有再大的本事，还是敌不过自然的力量。它同时也象征着神对人类过于高傲自满的愤怒，也代表了人际关系和职业的变动性；而这些改变又往往是突然且迅速的。这张牌是惟一一张没有好意的大阿卡纳，如果碰到这张牌，就要好好反省一下自己了。

往往高塔牌为人们带来了震撼，会强迫你去面对问题。改变是突然的，有时候是激烈的，也是难以抗拒的。或工作或事业有了突然的转变，或者得了一种突如其来的病。你的态度将决定这个改变带来快乐还是痛苦。

虽然一般情况下，这张牌暗示着破灭的危机，但它有时也在警告我们，不可太过于骄纵自大，做人应该谦虚为怀，谨守本分。

这张牌正立时，显示能接受挫折，勇敢克服困难。在爱情中，一种突然的改变带来打击，或许你会感到深深的痛苦及失望，然而，之所以发生改变，是为了让你成长。

牌面倒立时，则代表得意忘形、自作自受以及沉迷在虚幻不实的想像中。你会有被阻挠的感觉，那是因为你不要改变。你的抗拒可能会导致另一次威力更大的改变。其实，不论你如何抗拒，它终究还是会发生的，因为你停留的位置，早就不适合了。

正位

致命的打击○纷争○纠纷不断○与周遭事物对立，情况恶化○意想不到的事情○急病○受牵连○急遽的大变动○信念崩溃○逆境○破产○被开除○没有预警，突然分离○破灭的爱○玩火自焚

紧迫的状态◇险恶的气氛◇内讧◇即将破灭◇急需解决的问题◇承受震撼◇背水一战◇注意刑事问题◇因骄傲自大将付出惨痛代价◇状况不佳◇困境◇爱情危机◇分离的预感

逆位

第十七张牌　星星 The Star

1.启示

对你来说,内心魔力的旅程已经走到了终点,生命力量的释放,也最终迎来了高塔的坍塌。这两条路都让你走死了,眼前,无路可走。

每个人活着,都会有各种各样的目标。而你到这里已经没有目标了,只能行尸走肉一样地活着。

你所有的努力,似乎只是让自己明白,所有的路都行不通。你的每次尝试,结果都是试错。终于,你回复了生命最初的静止状态,让心灵变成了一潭死水。

每个人活着,都是一种能量的释放,是对环境的付出。而你和他们不一样,你已经没有东西可以付出了。你的注意力集中在自己身上,这时,就可以得到一些前所未有的好东西。

真的很奇妙,人只有在放弃一切欲望目标以后,才能静下来观照自己。这时才会发现,原来自己和环境息息相关，外界的一点变动，都会在自己身上产生影响，就如同石子在水面激起波纹。

你开始懂得，世界是一种能量的大循环，自己的生命本身，就是世界能量的一部分。即使你什么也不做，即使你就像野花野草一样地活着，什么也不想，你的生命也毫无遗憾，也自有生命本身的万丈光辉。

星星百万年没有移动，就那么在天上眨着眼睛，谁能说它们活得没有价值？

地球也是一颗星星，它从来不说不想，但却提供了生命存在的一切所需，包容着人间的悲与喜，善与恶，是与非。

你开始得到最深切的领悟，每个生命都和别的生命紧密相连，形成了这个世界的能量流转，这个过程就叫成长。当你做事、说话，不是因为自己有这种愿望，而是因为在能量循环的系统中，你是其中的一个出口。是能量在你的体内、你的头脑和你的口中穿行，它们才是所有生命背后的动力。

你恍然明白，人有纠纷有生死，但能量生生不息，在世间永恒流淌着。你开始喜欢上世间的能量，在其中浸泡徜徉，充满了喜乐与平安，充满了赞美与感激。

这时，你就成了繁星中的一颗，成了世间能量的门户。

2.典故

在希腊神话里，这张牌对应着潘多拉(Pandora)。

宙斯见人间升起了火焰，大发雷霆，便想出了新的灾难惩罚人类，以抵消火带给人类的福祉。

他命令以工艺著称的火神赫淮斯托斯造了一尊美女石像，雅典娜亲自给石像装扮，赫耳墨斯给她传授语言技能，爱神阿佛洛狄忒赋予她种种诱人的魅力。

宙斯给她取名为潘多拉，意为“具有一切天赋的女人”，因为众神都馈赠给她一件危害人类的礼物。

宙斯把她送给普罗米修斯的弟弟埃庇米修斯，嫁妆是一个大盒子。她一走到埃庇米修斯的面前，就突然打开了盒盖，里面的灾害像股黑烟似的飞了出来，迅速地扩散到地上，只有惟一美好的东西——希望，还一直关在盒内。

从此，年老、疾病、辛劳、肮脏、罪恶和痛苦都开始在人间蔓延。

3.演变

这张牌通常的英文名字叫做“星”，但它的意大利名字和德语名字，则显示出了它的真正含义——整个天球。

中世纪的哲学家认为，七颗行星按照各自的轨道围绕地球运行，它们外面是天球，再外面则是最外层的天体。在曼太尼亚牌里，这些全都得到了清晰的展示。

但是在其他的早期塔罗牌里，则往往显示出一个带有王冠的女性形象，面朝右边，凝视着天空中惟一的一颗十一角星。在贝氏牌里，这颗星则在她的左手。传统牌型则纳入了全新的内容。在马赛牌里，一个裸体的女人手拿水罐，跪在岸边，正在倒空水罐。她头上的天空挂满了星星，共有八颗，一颗星星比其余的大得多。在远处，有一棵栖息着小鸟的树。

在瑞士的 IJJ 牌里，女人没有全裸，天上的星星变成了七颗，而远处的树也消失了。

沃思的设计颇为相似，但八颗星大小不一，而且一棵灌木代替了树，灌木上有一朵玫瑰花，花上面停着一只蝴蝶。

皮托瓦则把这张牌视为希望之星，“它在我们最悲伤的日子里带给我们甘露，她的裸露是为了表示，当我们失去一切时，还有希望与我们同在。”

在韦特的设计图里，这个裸体女人往水池里倒空了一个水罐，另一个放在地上，远处的树上，则栖息着一只朱鹭。

4.解说

相关语：希望　对应星象：水瓶座

经过死神和恶魔，星星把我们带到了一片欣欣向荣之中。这是一张充满“希望”的牌。

希望之星——天狼星在夜空下闪耀着。在它底下，有着美丽的人鱼，自壶中倾倒出源源不绝的水源来滋润大地，而这些水则孕育了地球上所有的生命，是代表生命力的象征。

这张牌所要传达的，就是让我们尽心尽意付出心中的爱，借此来培育希望，迈向光明的未来。只要能够相信未来，就一定会得到幸福。因此，星星会不停地闪耀着光辉，前途必将是一片光明。

此外，这张牌既代表世间生命的光

荣,也代表受物质与感官的奴役。因此,天空的星星永远在提醒着:别忘了,还有一个更高层次的精神世界存在。

星星也有“怀孕”的意思,这一点是容易被忽略的。

当牌面正立时,代表着乐观和无限的希望。你对自己深具信心,对事物保持着希望。在你的生命中,将迎来一段心平气和的时光。在爱情中,则意味着你对这个关系有信心,并保持着乐观的态度,你还有机会实现你的愿望。在这段关系中,你可以做真正的自己。你们可能是命中注定在一起的,或注定要经历这段关系中将发生的种种事件。

当牌面倒立时,则意味着你需要心灵上的自由,只有清除你生命中不再有价值的东西,才能进一步和潜意识清楚地连结。

正位

愿望达成○前途光明○充满希望的未来○美好的生活○曙光出现○大胆地幻想○水准提高○新的创造力○想像力○理想的对象○美好的恋情○爱苗滋生

逆位

挫折、失败◇理想过高◇缺乏想像力◇异想天开◇事与愿违◇失望◇从事不喜欢的工作◇好高骛远◇情况悲观◇不可期待的对象◇没有爱的生活◇秘密恋情◇仓皇失措

第十八张牌 月亮 The Moon

1.启示

身处世间能量的漩涡中，感受着相互间的呼应、传递、影响，似乎自己也成了其中的一部分。

这是来自生命最深处的觉悟，似乎自己不再是一个孤立的个体，和世界之间的关系更紧密了，不再需要对抗，也不再感到孤独。在自己心灵的最深处，藏着一条隐秘的脐带，和世间能量的母体紧密相连，息息相关。

于是你参透了生死。你是母体的一支触角，你的生命有天会终止，就如同触角被切断，但母体不会死去，还会有新的触角伸出。而在你的生命中，自己的经验、体悟和爱，都能通过脐带传导到母体里。肉体的生命可以死去，但你的精神在母体中永存，必将乘愿再来。你也参透了人世。世间所有能量都来自于母体，它们在这里纠缠、挣扎、碰撞，就如同章鱼的触角自行缠斗。你以为这个是你的敌人，那个是你的盟友，而实际上，不光人类，连天地万物都是你的兄弟。

你也从痛苦中彻底解脱。所有冲突，原来都是对你的磨练，为了让你成长，变得勇敢坚强。至于所有你痛恨的人和事，那其实只不过是现实，古已有之，今后依然。人心之所以会变得险恶，只因他们缺少了爱。可恨的人必有可怜之处，他们需要你的帮助。

于是你懂了，爱就是人间能量相互影响的法则。只要听凭心里爱的力量去做事，远处的人也将如潮汐一样，感受到月亮的影响，感受到你的影响。

每个人的生命都属于自己，选择的权力都在自己手里。你能用你的善与爱去努力影响，无论结果如何，都已经是给这个世界留下了最好的礼物。

2.典故

这张牌来自于希腊神话中的阿耳忒弥斯，别名狄安娜。她是阿波罗的妹妹，月之女神，狩猎之神，牵着一只三头狗。她本人也有三副面孔，同时也是亡灵之神、道路之神。青年阿克特翁误闯入她的圣地，看到了正在洗澡的阿耳忒弥斯。女神俯下身子，舀水喷到小伙子的头上和脸上，于是他就变成了一头鹿。

最后，他被自己的猎狗撕碎，而和他一同狩猎的朋友还在欢呼：“阿克特翁！你在哪里？瞧，我们猎到了一头壮鹿！”

3.演变

这是我们可以逐步弄明白的中世纪形象，它逐渐发生了演变。

在格灵戈梅尔牌里，这个形象是最简单的，两个占星学家在观测弦月，用圆规测量它的轨道，并在一个本子上做计算。

贝氏牌加入了另一个内容：站立的月亮女神狄安娜。她右手拿着弦月，左手拿着崩断的弓。

传统的塔罗牌就是在这不同的内容中发展起来的。马赛牌中，出现了闪闪发光的月亮，对月亮吠叫的狗代替了占星学家。因为月亮统治河流，所以从水中爬出一只龙虾，事实上它所代表的是巨蟹座，也就是月亮的家。在狗背后，还能看见两座低矮的塔。

到了瑞士的IJJ牌，图案被人为地分割了，上半部是明亮的弦月，一个青年男子在对阳台上的少女弹唱情歌，他的身边还卧着一条狗。下半部里则是一堵墙，上面爬着一只螃蟹，两侧则是两扇毫无装饰的门。

沃思的图案又一次紧跟传统，那里的甲壳动物更像螃蟹，而对着月亮吠叫的，一个是白色的狗，另一个则变成了黑色的狼。

皮托瓦把这张牌叫做“欺骗”，韦特牌也类似，上面是一只狗和一匹狼。

4.解说

相关语:不安　对应星象:巨蟹座

月亮主要代表梦境、情感和潜意识的世界，它是和精神世界的一种连接。因为它有阴晴圆缺，所以又代表“变化”。在夜空中这一轮巨大的满月,隐隐地影射出对“变化”所产生的不安。在月亮面前的狗儿，对着这种不安与危险，有着本能性的感应。这张牌所透露的消息,是要我们注意潜意识的活动,事物的暧昧性以及能及早发现不安定的讯息。所以,即使身处在稳定的状态下,也绝对不可松懈倦怠。

传统上,月亮的形象是女性的力量和情感的化身，是一种情绪上的不安，由想像带来的恐惧感。它代表梦和想像,倾听你的梦,也许可以发现答案。月亮也是对圆满的不安。在越幸福的时候,越担心不幸会到来。这时心中会感到迷惑。如果能破除迷惑,就能得到好的结果。解牌的关键,就在于“迷惑”。

在事业上,则多指具有艺术性或创造性的事业，以及夜晚多于白天的工作,包括写作、摄影,以及任何需要运用想像力的工作。

有时,它也暗示着欺骗,你对某些事物视而不见。

牌面正立时,意味着敏感、体谅与感同身受。在爱情中则意味着,表面上一切十分美好,但暗地里还有许多未被讨论的问题。你可能对更深刻的承诺心怀恐惧,或是想逃离这段关系,例如父母婚姻的失败,导致你对婚姻的却步和不信任。

牌面倒立时，则表示情感上的顺从、被动与缺乏自我。还没被解决的事重新降临在你身上,应该把心中的争端化成有形的方式，这样你才能处理它。如果只是任其留在心中不去了解,那么困扰你的问题将一直存在。

正位

不安和动摇○心中不平静○谎言○暧昧不明○鬼迷心窍○暗藏动乱○欺骗○终止○不安的爱○三角关系

逆位

从危险的骗局中逃脱◇状况稍为好转◇误会冰释◇破除迷惘◇时间能解决一切◇眼光要长远◇静观等待◇早期发现早期治疗有效◇事前察知危险◇对虚情假意的恋情已不在乎

第十九张牌 太阳 The Sun

1.启示

沉浸于世间能量的呼应和影响中，你渐渐找到了其中的法门。

人有善恶，事有悲喜，而能量始终如一，充盈于天地之间。它通过流动，通过人间的争夺与厮杀，在实现着自己的更新。

能量的活力在于变动流转。它毫不吝惜地把自己分给所有生命，任由其行善作恶，困苦解脱，甘心被迷惑的人们滥用、扭曲。这样的代价不可谓不大，但母体别无选择，因为没有变化，就会一片死寂。

从另一个角度看，众生都是母体的一部分，而且在每个生命的基因内部，都潜藏着母体的全部奥秘。母体也有生老病死，也要遭遇不幸和打击，生存的权力，取决于自己的努力。

而母体的努力，总是通过世间的生命进行。当一部分生命败坏，对母体来说，那就像是病毒侵蚀了机体，就会有别的细胞前赴后继,用自己的生命来维护母体的健康。当人在世间除恶,那实际上也是在为母体清理身体。当我们承担痛苦,那也是在帮助母体更新。

这时,你就有了一种生命的觉悟,愿意承担更多,愿意付出更多,不但超脱了自身的安危祸福,也看淡了得失荣辱。

在你的脸上,就出现了温暖的阳光。你愿意随时随地为需要帮助的人服务,愿意帮助孤独的心灵取暖。别人看到你,就会感受到温暖而神奇的力量。他们不懂你怎么可以这么阳光,于是你身后有人追随和景仰。

你想起了一句古老的话:玉在山而草木泽。你的生命渐渐发生了改变,变得纯粹、坚强、勇敢、开朗。

2.典故

这张牌来自于希腊神话中的阿波罗,宙斯的儿子,太阳神。

他每天驾驶带翼的太阳车,经过陡峻的路。即使在早晨,马匹精力充沛,拉车行路也很艰难。当车到达天之绝顶,阿波罗本人也会感到头晕目眩。到了下午,道路又急转直下,需要牢牢抓住缰绳,万分小心地驾驶。

阿波罗原先是一个农神和牧神,同时也是忏悔神和医疗神,后来又成为了艺术神。对希腊人说来,他的最大的作用在于,是一位发布神谕的先知。在古希腊,最重要的格言神谕,是在特尔斐的阿波罗神谕,它对于希腊各部落之间的统一,起着类似奥林匹斯圣山一样的作用。阿波罗神庙不仅是国内的政治、文化和宗教中心,也是外族人、外地人向往的圣地,甚至连一些蛮夷民族,碰到重大事务也会专程前去礼拜请示。

巴比伦人的太阳神是沙玛什(Shamash),他每天白天乘座四轮马车在空中穿行,每天晚上返回在东方山峦中的家。每天清晨,保护山门的蝎形人都要打开山门,把马车放出来。

3.演变

太阳的光辉普照大地,阳光下两个孩子并肩站在低矮的墙前。这是这张牌的传统画面,各种塔罗牌都以此为原形。

但它最初并不是这样。在格灵戈梅尔牌中,是一位年轻的金发女郎,她手持一个缠线杆,边走边纺线。她头上,圆圆的太阳照耀大地,她身后,在金色的背景中可以看到墙。

贝氏纸牌则是一个美丽的孩童,他高高在上,双手托着太阳,仿佛一个闪光的表盘。

沃思的设计只是在传统形式上稍稍改变了少许,两个人物成了一对青年男女,他们站在花环里。

皮托瓦把这个主题称做“灿烂的阳光,人间的幸福”,沿用了男女站在花环中的意象。

而韦特的设计则完全不同:只有一个裸体的小孩,手里举着一根挂着大旗的旗杆,坐在一匹白马上。他身后的阳光射进花园，园里长满了向日葵。

4.解说

相关语：生命　对应星象：太阳

太阳可以说是所有牌中最好的一张。它象征知识、活力和幸运，也代表值得受人尊敬和回报。

它比星星更加充满希望，因为这里不只有关在盒子里的希望，还有太阳所给予的力量。

太阳的光芒，照耀着万物，赐予无尽的生命与活力。沐浴在阳光之下而沉睡的人们，表情是如此地安详与幸福。这张牌所要表达的，就是“生命的喜悦”。所有的生物，都为拥有生命力与感情，丰盛的物质和健全的后代而感到满足。它教导我们，所有生命的喜悦，皆来自健康的养育与繁荣的生活。

这张牌的关键在于“生命力”，它代表一种令人愉悦的解脱，表现出觉醒的力量，充满着希望、理想主义和天真率直。它意味着富有创造性的事业，如演艺、绘画或唱歌。它是一张让你快乐的牌，是一种内在知识的代表，它表示你知道，幸福就是一种选择。

这张牌正立时，具有清澈、人际和谐及美好的名声等正面特质。在爱情上，它意味着一段有创意又富于趣味的两性关系，在生活中随时可见孩子般的天真和童趣。你们可以共享生活中单纯的快乐，并洞悉在爱的关系中友谊的价值。

牌面倒立时，则有骄傲、自负、虚伪等不利的反面特性。然而，生命和全世界仍是支持你的。它也可以暗示着两个竞争的人。别人或许认为你是成功者，但你自己却并不满意。也许，你是在和自己的一份完美的理想竞争。

正位

活跃期○进步发展○丰富的生命力○精力充沛○工作顺利○渴望的○因他人的帮助而获得成功○与益友相交○生机○受到祝福的喜事○幸福的婚姻○健康的交际

逆位

缺乏持续性◇生产力降低◇变弱◇意气消沉◇生活不安◇取消◇体力不足◇失业◇活动力变弱◇人际关系不好◇失恋◇无结果的恋情◇离婚

第二十张牌 审判 Judgement

1.启示

责任重新回到你的心中,有那么多迷惑的人需要你来指引方向。

这个世上,一切规则都在改变,人们得到自由的同时,也永远地迷失掉了真正的自己。生命之间本来有着紧密的联系,但人却让彼此分离。万物之间原本流动着爱,用我的生命做你的食粮,人却变得冷酷无情。

人们有财富,有力量,有安全,有自己想要的一切,但却缺少一份觉悟。人们追求富有,想过上神仙的日子,让自己像神一样无所不有、无所不能,却不知道,神意味着更多的爱。

人们在迷惑中而不自知,浪费着天赋的能量,败坏着生存的环境。你仿佛听到,母体在默默流泪,为人类的过失与沉沦。

但这时的你,已经不再追求正义,不再用自己的血肉之躯来捍卫人间的正义。你知道,生命做了错事,就要自己承担责罚，就像人对着天空吐痰，只能让痰液落回自己的脸上。

你能做的，只有让自己的能量和母体更好地连接，寻找智慧，试图了解生命深层的奥秘。然后，把你所知道的写下来，让公义流传。

你的力量很小，只能搬起一小块石头，只能把声音传到不远的地方。但是，你心里知道，从你这里传出的声音，就是对于人类的审判。未来的惩罚和灾难，你都已经讲述出来，别人听也好，不听也罢，惩罚将如期到来。

2.典故

关于最后的审判，《圣经》中是这样描述的：

“我又看见死了的人，无论大小，都站在宝座前。案卷展开了，并且另有一卷展开，就是生命册。死了的人都凭着这些案卷所记载的，照他们所行的受审判。

“于是海交出其中的死人，死亡和阴间也交出其中的死人。他们都照各人所行的受审判。

“死亡和阴间也被扔在火湖里，这火湖就是第二次的死。若有人名字没记在生命册上，他就被扔在火湖里。”

此外，在2500年前的阴阳教里，也有最后审判的概念，在世界末日的喇叭声中，既有对个人的审判，也有对全人类的集体审判。

3.演变

最后审判的概念在不同的宗教里都有，并且不断得到延伸，但所有的塔罗牌都和它的基督教含义有关。

传统牌里，有一个手持喇叭的天使，他是大天使米迦勒，在一片灿烂的阳光中倾斜而下。喇叭上有一面印着十字的旗，画上还有几个裸体人物，正从坟墓中站起。

瑞士的IJJ牌与此相似，但牌中有四个人物，天使不是特别突出，而且他的喇叭上也没有旗子。

在最早的塔罗牌里，这个形象基本相同。格灵戈梅尔牌中，有两个天使从云中倾斜而下；在贝氏牌里，则可以在天堂中看到上帝本人。

沃思的设计图案和传统相似，天使旗上的图案更加复杂，而且他头上戴着一个奇怪的红帽子，上面镶着一个金色的圆盘。

皮托瓦把这张牌称为“唤醒死者，复活”，一个精灵正在半开的坟墓上方吹喇叭，复活的有一男一女，还有一个孩子，这正是人类三位一体的集体象征。

韦特牌也和传统牌面略有不同。在远处，有更多复活的人物，每个死者都从自己的坟墓中复生，在情感的洪流中漂浮。

4.解说

相关语：复活　对应星象：天蝎座

在基督教的历史观中，神会站在历

史的终点,所有人都走向最终审判。审判之时,善必得报,恶必被惩。而这张牌正显示了这个终结之处。而审判之后,便是复生的美丽世界。

拥有翅膀的天使,在云端上吹奏着小喇叭,这张牌所象征的,就是要发现真理,接受神的审判,有着"精神觉醒"的含义在里头。天使的小喇叭,代表着唤醒人们的觉悟,它表达出神的爱是无穷尽的,不论是什么罪大恶极之人,只要肯悔改,他就会拥有一丝的希望。这张牌告诉我们,要发现真相,接受新的价值观,如此一来才能拥有崭新的人生。

牌面的图案是吹着号角的天使,象征负有重任的崭新的一天。它鼓励当事者抛开物质上的束缚,寻求更高境界的灵性生活。理解到所有生命都是环环相扣的道理后,你才能了解你的精神目的,知道该如何达成它。到收成的时候,你可以用你的正直和诚实,来面对你的报偿。

占卜时要注意,决断、复原都是很重要的关键词。

这张牌正立时,具有超越自我、发掘无穷潜力的正面特质。在爱情中意味着,这段两性关系提供了重要的精神成长和学习。表面上并没有什么明显的改变,但是,表面下的改变却很多。

倒立时,则隐喻号角声报喜不报忧,容易沉溺在欢乐的追逐中,并且缺少面对忧伤的能力。你会反对内心的呼唤,你每拒绝一次,空虚感就会再一次加深。你试图找东西来填补这种空虚感,却不知解决之道是来自内心。你的问题,就是缺乏清晰的判断力。

正位

复活的喜悦○开运○公开○改革期○危机解除○决断○荣升○展露头角○好消息○爱的使者○恢复健康○坦白○复苏的爱○再会○爱的奇迹

一败不起◇幻灭◇离复苏还有很长的时间◇不利的决定◇不被采用◇还未开始就结束了◇坏消息◇延期◇无法决定◇虽重新开始,却又恢复原状◇分离、消除◇恋恋不舍

逆位

第二十一张牌 世界 The World

1.启示

你的心终于平静下来,因为看破了因果的循环,人们今天种下的因,就会结出明日的果。

这时,世界在你的眼中,又回复了它本来的面貌——山是青的,水是绿的,生命是喜悦的。

那些迷惑的人,也一样沐浴在阳光下,感受着天地间充斥的芬芳。他们痛苦是因为自己没有看到,世界的爱无时无刻不在身边环绕。自己看不见的话,是不能责怪别人的。

你能做的,只有敞开身体和心灵,让天地间的和风拂过,与众生相互滋养。

2.典故

想要了解这张牌的来源,我们需要先看懂四个角落的含义。它们可以象征土、火、水、气四大元素,马太、马可、路加、约翰四大圣人,也代表四个方向。所以，才会有一个著名的夜间符咒："马太、马可、路加、约翰，保佑我睡觉的床"。

如果把它们还原为远古的巴比伦符咒，那么就是"沙玛什在我前，塞因在我后，纳盖尔在我左，尼格拉斯在我右"，特别有趣的是这四个古神的象征意义：塞因代表老人，尼格拉斯代表鹰，纳盖尔代表狮子，沙玛什则代表公牛，它们正好和这张牌的图案吻合。

3.演变

这也是一个简单的概念，在演变的过程中逐渐增加了各种附加成分。

在贝氏牌中，是两个带翼的小天使，高举着一个大球，球里是一个大城堡。天使站在四面环水的岛上，头顶的天空群星闪烁。

格灵戈梅尔牌中，则是一个手握宝杖和宝球的女性，站在一个球上，球里是小山环绕的城市。这个球被一层绿色的气体包围，并在规则的蓝色波浪中荡漾。

这张牌的传统图案，是一个裸体的女人，她的左腿稍稍抬起，站在杏仁形的花环中，一只手里拿着棍子。在牌的四角，是人、鹰、牛和狮子。

瑞士的IJJ牌与此类似，但裸体女孩双脚站立，手里只有一条围巾。花环近似于圆形，牛和狮子在下角，只有鹰在上面，鹰的两侧有两只小鸟。

沃思牌把传统图案做了大幅修改。花环完全是圆的，人物似乎在向右跑，四只动物仍在角落，但特征已不明显。

皮托瓦把这张牌看做"东方贤人的王冠"，并把它描述为环绕星星的玫瑰花环，花环外面同样有四个头。

至于韦特牌，令人惊讶的是，除了风格上略有不同，在图案上和传统牌简直一模一样。

4.解说

相关语：达成　对应星象：金牛座

周围是象征名誉和光荣的月桂树叶子，以及代表宇宙四大元素火、地、风、水的动物，中间是美之女神——阿佛洛狄忒（希腊神话中的爱神）。她是一个调解纷争、教导慈爱、孕育生命的女神，世界就是在她手中宣告完成的。这张牌指示着，只要你拥有一颗感恩的心，就必能在你为自己打造的美丽世界中，寻找到幸福与快乐。

世界，就是最终极的幸福之处了。而相关语也就揭示了牌的本意——达成。这张牌告诉我们，所有的事情都能达成，梦想的实现就在不久的将来，在这个星球上没有什么是得不到的。

这是一张象征永久和持续成功的牌。它是指环游世界，或者重大的成功和快乐。它所描述的快乐，并不是来自拥有或耕耘，而是来自存在。在事业上，它形容一种极大的成功和满足。世界牌给你的，往往是十分积极的肯定。

这张牌正立时，意味着报酬优厚、人格正直。在爱情中，则象征两性关系里美好而持续的事物。你和伴侣都能在你们所认同的范围内完全地成长、快乐地生活。

牌面倒立时，则预示着巨大的障碍、精神涣散以及自怜的性格，同时也代表着旅行。它也可以暗示事业或两性关系上的成功，但这种成功并不能持续，只好被放弃。在这项成功之外，其实还有更伟大的成功。有人以为是成功带来了快乐，却不知道，其实是快乐带来了成功。

正位

完成○成功○拥有毕生的志业○达成目标○永续不断○最盛期○完美无缺○接触异国将获得幸运○到达标准○精神亢奋○快乐的结束○模范情侣

未完成◇无法达到计划中的成就◇因准备不足而失败◇中途无法再进行◇不完全燃烧◇一时不顺利◇饱和状态◇烦恼延续◇精神松弛◇个人惯用的表现方式◇因不成熟而使情感受挫◇合谋◇态度不够圆融

逆位

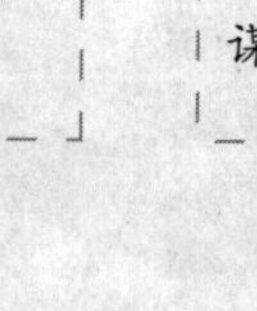

第二十二张牌 愚者 The fool

1.启示

当世界回复了本来的样子,你也可以融入生命的洪流之中。

你放下了智慧、学识、口才和理智,回复到了生命最本原的样子,让自己重新变成了一个愚蠢的人,变成了傻子,变成了孩子。

以前,你看到那些毫无心机的人,只担心他们如何在这样的世界上生活。为了让他们过得更好,你愿意独自对抗整个世界。而今天,当你也加入到他们当中,也成了他们的一员,这才明白,原来这样的生活自有其幸福,坚不可摧,不可动摇。

当各种负担没完没了压到他们头上,当各种灾难接二连三落到他们家中,他们都会用坚实的脊梁一一承担下来。扛不住了可以死,但只要活着,活一天就要有一天的人样。

千般烦恼万种忧愁,只要一觉醒来,保证全忘得干干净净。看见阳光就高兴，看见野花就笑，这样的生活有什么不好？

2.典故

这张牌来自希腊神话中的酒神。

酒神巴克科斯，又叫狄俄尼索斯，是宙斯和塞墨勒的儿子，从宙斯的大腿出生。他被封为果实神，又是首先种植葡萄的神。

狄俄尼索斯是在印度长大的。不久，他去各地旅行，向世人传授种植葡萄的技术，并要求人们建立神庙来供奉他。

他对待朋友宽厚大方，但是对不相信他是神祇的人，却常常施以残酷的惩罚。

他的堂兄弟彭透斯是底比斯王，不但不相信他，还迫害他的信徒。于是酒神用幻觉引导他进入森林，让女信徒们把他撕成碎片。最先扯断他手臂的，恰恰是他的亲生母亲。母亲还把儿子的头插在手杖上，兴高采烈穿过森林。

古希腊人在每年 12 月和 4 月，都会尽情纵兴来庆祝狄俄尼索斯节。它的庆祝方式是这样的：夜晚时分，妇女们装扮成酒神侍女，来到漆黑一片的树林里，准备寻找她们的神祇。她们戴着假面具，趁着酒兴狂歌狂舞，纵情欢乐，最后一起抓住一头动物，把动物撕碎，吃下一块块生肉。疯狂之中，她们把动物都看做神祇的化身。

激烈的狄俄尼索斯活动还引出了一个美丽的果实，古希腊悲剧由此而诞生。

3.演变

这张牌虽然没有编号，但它毫无疑问属于这里，因为它出现在最早的塔罗牌中。

在格灵戈梅尔牌里，他是一个巨人的形象，四米多高，身穿小丑的服装，头戴一顶有耳朵的帽子。他两手捏着一串珠子，四个青年男子在他脚边玩耍。

在贝氏牌里，他衣衫褴褛，头发上还沾满了稻草和羽毛。

传统的塔罗牌里，他是一个身穿杂色衣、脖子上挂铃铛的男人，有一脸胡子。他左手拿着流浪汉的棍子，搭在右肩上，背后挂着一个包袱。右手则握着一根手杖。在他背后，则有一只咬他裤腿的狗。

瑞士的 IJJ 牌中，这个小丑像是一个喜剧人物，膝头挂着铃铛，没有狗也没有随身对象，拐杖也换成了一根短棍。

沃思的图里，狗变成了猫，两脚之间夹着一朵下垂的花。这朵花也曾经在别的牌里多次出现。

皮托瓦则把这张牌描述为“鳄鱼，赎罪”，他说，这个弄臣是一个盲人，背着自己的包袱，却即将撞上一块方尖碑，在碑上有一个张嘴等待的鳄鱼。

非常奇怪的是，韦特并没有把这个动物放进自己的牌里。他的弄臣是一个漂亮的男子，左手拿一朵玫瑰花，眼望星空，即将登上悬崖。他穿着闪闪发光的衣服，右肩扛着自己的包，狗在身边欢蹦乱跳，身后是高高升起的太阳。

4.解说

相关语：流浪　对应星象：海王星

这是张有点暧昧的牌，是在混沌之中的牌，一切都不是很明确，好坏相间，非常容易解错。只要注意到愚者的两面性和不定性，相信就可以解得比较准确了。

这张牌的图案，是一个人快活地站在悬崖边。有的解释认为，他十分愚蠢，缺乏理性判断的能力；有的则指出他极端崇尚精神层面，不在乎现实。总的来说，就是凭直觉行事，没有拒绝和抵抗的能力；同时，也代表了愚蠢、冲动和虚无。

愚者是一个不以寻常世界种种规范限制自己的人，这是一张代表自发性的牌，暗示你将活在当下，并且会有和生命紧密结合的感觉。“如果你每天都过得很充实，那便会乐趣无穷”。要满足你心中的渴望，就抛开你的理智，体会一下愚人的快乐吧！

愚者还代表迈向知识、和平及解放的第一步。当你的牌面出现愚者时，或许是在暗示你，应该冒点险，体会一次活在当下的感觉。要是我们能有一颗相信梦想的纯真之心，那么，对精神层面上的自由度而言，我们是会强过许多人的。所以，这张牌告诉你，一定要贯彻梦想，奋勇冒险。

牌面正立时，暗示一段活在当下或随遇而安的时期。在爱情中，则意味着你可能遇到一位喜欢目前生活，而不想计划将来的伴侣。也可能是在形容你的伴侣，他(她)是一个难以捉摸的天真的人，或者，是一位不愿受到任何长期计

划与关系约束的人。

牌面倒立时,表示你想从承诺中脱身,其实还不是时机。惟有对自己的未来有所承诺，或是解决了过去的问题，才能重新过上充满自发性的生活。你也许渴望自由,想要遗忘过去种种,但现在还不是适当的时机。有时它也代表，你没有在关键时刻把握住机会，或太固执于以前的计划，过分依赖别人的建议。愚者的倒立,代表着“时机是关键所在”。

正位

从零开始○好赌运○不墨守成规○追求新奇的梦想○冒险○放浪形骸○艺术家的气质○异于常人○直攻要害、盲点○爱情狩猎者○爱情历尽沧桑○不拘形式的自由恋爱

不安定◇孤注一掷会失败◇缺乏责任感◇损失◇脚跟站不稳◇堕落◇没发展◇没计划◇走错路◇行为乖张◇轻浮的恋情◇感情忽冷忽热◇不安定的爱情之旅

逆位

第四章 小阿卡纳的奥秘

我们已经详细讨论过塔罗王牌的意义。正如我们看到的，它们包含了一组扎根于古代历史的非常有力的中世纪象征。你只需要稍微接触它们，就会发现它们带给你的特殊意义。从这点来说，用它们来占卜是容易的。

但小阿卡纳，实际上是一种非常不同的东西。在任何一组的14张牌里，相互间只有点数的差别。要想给每一张牌注入不同的意义，你会发现非常困难。

当你正式开始占卜练习时，最重要的是你必须明白每张牌意味着什么。当然，最后帮你做出解释的，还是经验和直觉，但同时，你也应该了解每张牌的传统意义。

我们这里，就要向你介绍它们的传统解释，这是在千百年的占卜实践中固定下来的，综合了无数神秘学者的智慧和经验。

你需要根据具体的问题，适当加以变通，融合进自己的领悟。

① 金杯、圣餐杯、红心牌

圣杯牌代表水元素。圣杯代表爱和想像，以及被动的创造力，用和谐的方式，透过情感来理解人生。典型的圣杯态度，是透过爱来给予和接受。如果牌以倒立的方式出现，代表此类的人以压抑或扭曲的态度去爱，害怕爱会走掉。一旦得不到满足感，就会陷入世俗中的权力斗争。

圣杯的真意，象征着："爱不能被占有，只能被接受"。

幺点：家庭生活的幸福。其他一些相关的牌将为它注入更多内涵，因而我们可以看到宾客的来访、搬家、吵架、宴席和聚会。

二点：成功和好运，但细心和专心是获得它们的必要条件。

三点：轻率、鲁莽的决定会给良好的事业带来厄运。

四点：不容易说服的人，未婚男子或未婚女子，推迟的婚姻。

五点：毫无根据的嫉妒，缺乏果断误了大事，并且逃避责任。

六点：轻信。你容易被骗，特别是被不值得信任的同伴欺骗。

七点：善变和食言。要提防过分乐观的朋友或没有主见的熟人。

八点：令人愉快的公司和良好的友谊，聚会和有计划的庆祝活动。

九点：梦想和愿望的实现，好运和财富。

十点：家庭幸福，或许能得到预料之外的成功与好消息。

男仆：一个永久的亲密朋友，或许是分别很久的童年朋友、初恋情人。

骑士：一个假朋友，一个来自远方的陌生人，勾引者，应把握当前的命运。

王后：一个忠诚、钟情的女人，温柔大方，惹人怜爱。

国王：一个诚实、善意的男子，但容易草率做出决定，因此不是一个可以依赖的人，也不要指望从他那里得到有益的忠告。

② 杆、权杖、梅花牌

权杖牌代表火元素。火性的人是有活力的，需要刺激或冲突，喜欢把精力全部投入于特殊任务中，有一个目标比如何完成它更为重要。在爱情与事业上，则喜欢靠征服来发展，认为其中的挑战性更胜于奖赏的快乐。火也代表着乐观、自信和希望。没有行动，权杖型的人会变得郁郁不乐。

权杖型的人对生命的理解是：

如果我听到的，我会忘记

如果我看到的，我会记住

如果我做过的，我会了解

幺点：财富和事业的成功，终生的朋友和宁静的心境。

二点：失望，来自朋友和生意伙伴的反对。

三点：不止一次的婚姻。可能在和一个人订婚很长时间之后，却突然和另一个人结婚。

四点：谨防一个项目的失败。这个失败可能带来经济损失，或者由于缺少资金，让项目中途流产。虚假和不可靠的朋友起到了破坏作用。

五点：娶一个富婆。

六点：有利可图的合伙经营。

七点：好运和幸福，但应该谨防某个异性。

八点：贪婪，可能会花掉不属于自己的钱。

九点：和朋友辩论，固执的争吵。

十点：意想不到的好运，一次长途旅行，但也可能会失去一个亲密的朋友。

男仆：一个诚挚但又缺乏耐心的朋友，善意的奉承。

骑士：幸运地得到了亲人的帮助，或者是陌生人的帮助。

王后：一个亲切善良的女人，但爱发脾气。

国王：一个诚实真挚的男人，慷慨忠实。

③ 剑、黑桃

宝剑牌组代表空气元素或智力。刀剑带来痛苦，也带来理解。它教我们如何通过试验，去改变我们对人生的理解、想法、理念、信仰及态度。空气的永无止尽就如同我们的心。和现实比起来，有时心智可能会造成更多的痛苦和悲伤。你的思想和信念会影响到你周遭的人。而他们也同样地影响你。

有句谚语贴切地说明了思想的力量：“你相信它是真的，它就是真的”。

幺点：不幸，坏消息，死亡的消息，充满妒忌的情感。

二点：变化，迁移，失去家庭，分离。

三点：一次旅行，爱情或婚姻的不幸。

四点：疾病，经济困难，嫉妒，各种小灾小难将拖延手里的工作。

五点：生意成功，融洽和谐的伙伴关系，但却需要先克服困难。注意谨防坏脾气和气馁。

六点：只有坚忍不拔的毅力，才能帮你完成计划。

七点：与朋友争吵，招来很多麻烦。

八点：在你所有的事业中都要小心谨慎，那些看似朋友的人，可能会成为你的对手。

九点：一般认为是所有牌中最不吉利的一张，它可能表示疾病、灾难和各种各样的不幸。

十点：另一张不吉利的牌，悲伤或监禁，否定了一切好的兆头。

男仆：一个懒惰或嫉妒的人，事业中的障碍，或许是一个骗子，甚至可能是商业间谍。

骑士：传奇中的豪侠人物，喜好奢侈和放纵，但非常勇敢，富于创业精神。

王后：奸诈，不忠，恶毒，一个寡妇或被抛弃的人。

国王：一个野心勃勃，妄想凌驾一切的人。

④ 硬币、五角星、方块

五角星代表土元素。土表示真实的、物质的东西,或一种肉体形式。如果牌面出现了五角星的牌,往往意味着,你思想中最重要的东西,是财务性、物质性的。

这组牌的真意象征着:"我拥有,所以富足"。

幺点:一个重要的消息,或者一件珍贵的礼物。

二点:热恋,但会遭到朋友的反对。

三点:争吵,官司,或者家庭纠纷。

四点:不幸或秘密的背叛,来自于不忠诚的朋友,或者是因为你长久忽视了对方。

五点:意外的消息,很可能带来生意的成功,愿望能够实现,或一桩美满的婚姻。

六点:早婚,但也会早早结束,而且第二次的婚姻也没有好兆头。

七点:谎言,谣言,恶意的批评,运气糟糕的赌徒。

八点:晚年婚姻,或许是一次旅行,很可能会带来两者的结合。

九点:具有强烈的旅行愿望,嗜好冒险,渴望看到生命的改变。

十点:把钱作为行动的目标,但并不一定会如愿以偿。

男仆:一个自私、嫉妒的亲戚,或一个带来坏消息的使者。

骑士:一个既有耐心又有恒心的男人,发明家或科学家。

王后:卖弄风情的女人,乐于干涉别人的事情,诽谤和谣言。

国王:一个脾气粗暴的男人,固执而充满了复仇心,与他对抗会招来危险。

塔罗就是一粒硕果。它曾经只是一种纸牌游戏，在一代代的解说、完善、丰富和变形中，最终成了打开心灵奥秘之门的一把钥匙。

第五章 塔罗牌阵教程

1 一般玩法

塔罗牌提供给我们的，是既灵活又有用的寻求未来忠告的方法。但我们怎样才能使所选的牌代表自己想要了解的情况呢？

首先要记住，尽量使自己和牌保持亲密的关系。在选牌的时候，不要看手里的牌，而要把全部精力集中在你所关心的问题上。这样，当你审慎地选牌时，就能把你的通灵能力带进牌中，以致当你把它们翻开后，会非常恰当地说出它们的意思。

把 22 张王牌面朝上，挨个挑选一遍，直到你找到一张牌，可以作为你的问题的指示牌(按：有关指示牌的意义和作用见第六章塔罗进阶之四：指示牌)。然后，把剩下的牌翻过来，想洗几次就洗几次。记住切牌的时候，要把它翻转一下，这样，有一些牌的位置就会颠倒。

然后，把它们随意分成三堆，集中精力选出其中的一堆。这时，你应该注意，要保持牌最初的正反位置。

这时，你就可以开始摆简单的牌阵了。

把你的指示牌面朝上放在桌上，你可以决定牌阵的摆法。在它右边放上一到三张牌，表示导入这种情形的重要事件。在它左边放一到三张牌，表示未来的趋势。在它下边放一到三张牌，表示不利的影响。最后，把剩下的牌放在它的上边，表示你应该采取的行动。

让我们看两个例子来学习怎样

解牌。

有经验的专业人士建议,最好不要为自己解牌,但对初学者来说,往往找不到更好的办法。如果有一个亲近的朋友愿意陪你共同练习,那当然是非常理想的。但如果没有的话,也没有太大的关系,你只需要记住,尽量不要寻求重要问题的建议。

你的问题应该是严肃的,因为塔罗并不是一场游戏,但刚开始时,可以选择一些允许犯错误但不会带来严重危害的问题,例如一次外出游玩,买什么样的新衣服,或者是否和闹矛盾的朋友言归于好。

用这种方法,你就可以检验自己的解释,通过练习来提高自己的准确率。

例一:

一个年轻女子处在生命中的关键时期:她应该继续追求事业的发展,还是中断事业去建立家庭?她深爱着一个比她年长的男人,这不是她的第一次恋爱,但现在,她确信这就是值得自己嫁给他的那个男人。

由于这是一种情感上的选择,所以她用“恋人”作指示牌。

发完牌后,被选中的这堆共有八张,但其中有七张是颠倒的,只有女皇没有颠倒,这表明,她应该听从理智,而不是任凭感情的驱使。

在指示牌的右边,我们看到了颠倒的隐士和颠倒的太阳,前者很清楚表明,这是个年长的男人,而两张都颠倒,则表示这个女人的爱,并不像她自己认为地那样充满了信心。颠倒的隐士也表示不够客观,颠倒的太阳也表示欺骗,这么看,也许这个男人并不完全忠实于她。

在指示牌左边,颠倒的女教皇和颠倒的月亮一起,形成了一种强烈的暗示:如果这个女人现在仍然让心统治头脑,那么她的未来将是非常不稳定的。

在指示牌的上方,女皇是整副牌中最有势力的,代表女性的直觉。而倒立的魔术师,则表明她最好还是维持现状。即使眼前并没有什么令人激动、值得陶醉的事,那也比迈出错误的一步,带来后悔不及的结果,要好得多。

指示牌之下,是颠倒的教皇和颠倒的正义,它们表示这个女人应当小心糟糕的建议。

这副牌的解释非常有趣，它没有直接回答所有的问题，而是告诉她，所爱的人并不像她看到的那样，最好不要改变现状，但却没有直接回答，追随事业是不是最好的出路。

也许，对这位女子来说，这个问题她已经可以自行解答了。

例二：

一位老父亲正考虑把财产转交给儿子的事，这时他非常想弄清楚，自己还能不能继续得到足够的照顾。

尽管占卜师劝他选择“隐士”作为指示牌，但这个询问人还是坚定地选择了皇帝，这张牌正好把他描绘成了一个仍然拥有财产和权力的人。

发牌后，他挑选的这堆只有七张牌。

指示牌的右边，是颠倒的太阳，它表示导入目前状况的重大事件——这个询问者的体力正在衰退。它表明，他有几个孩子，而他不得不从中选择，到底哪个孩子能给自己最好的照顾。

左边是颠倒的恋人和颠倒的教皇，表明任何寻求建议的结果，都将没有什么价值，因为维持现状可能是最好的方法。

指示牌下面的牌，进一步强调了这点，在那里，提出劝告的正义和颠倒的恶魔一起指出，这个询问者其实没有什么可以担心的。

指示牌的上方，是死亡和愚者，告诉他应该继续掌握他的命运，不要把自己的命运放在别人的手中。

这种特殊的展牌法没有直接回答所问的问题，但在这种情况下，提出的建议要远远多于所寻求的。询问者得知，自己的能力并未减弱，在把自己托付给他人之前，应该认真考虑。

如果你正在学习辨认和解释每张牌，那么这两个例子应该可以让你明白，该如何用这种简单的方法练习占卜。

介绍了简单玩法，下面就让我们开始学习一些经典的塔罗占卜牌阵，以及其他众多有效的占卜方法。

② 二选一牌阵

人气指数：★★★★★

使用张数：5 张

求问：两难问题

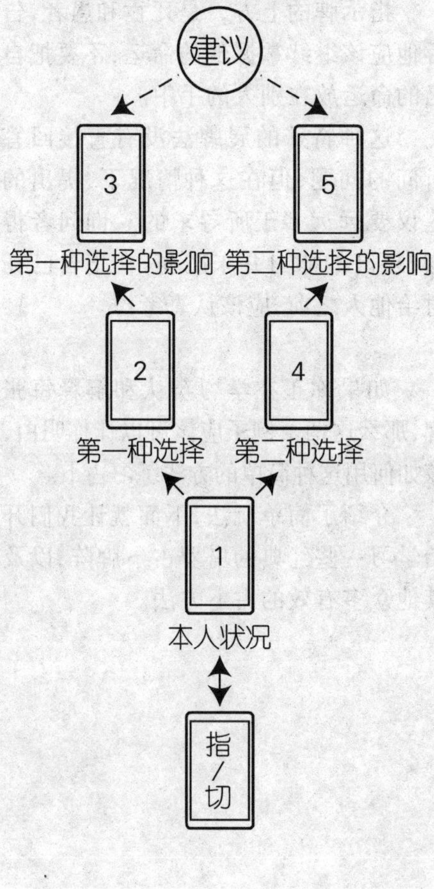

★★★ 推荐指数 ★★★

恋爱和婚姻	★★★★★
工作和学业	★★★★★
投资和理财	★★★★★
人际关系	★★★☆☆
娱乐	★★★★☆
其他	★★★☆☆

使用时机

套用一句哲学用语，“矛盾无处不在，无时不有”。两难问题就是典型的矛盾存在，在人生之路上，我们谁都会遇到。比如是选择A还是选择B作为自己的恋爱对象？是去甲公司还是去乙公司工作？等等。因为两个选项是对立的，我们必须做出取舍。如果感到为难，就请让二选一牌阵为你指明一个正确的方向吧！

摆法及牌意

从上数第6张放于1，之后的第6张、第7张放于2、3，之后的第6张、第7张放于4、5。

1：问卜者现在的情况；

2：做出第一种选择后会出现的情况；

3：做出第一种选择会造成的影响；

4：做出第二种选择后会出现的情况；

5：做出第二种选择会造成的影响。

解牌顺序

在对牌进行解释时，首先要对指示牌或切牌对第一张牌（表示问卜者现状）的影响进行评估，然后对第一种选择会出现的情况和影响进行解释，随后再解释第二种选择会出现的情况和影响。对牌阵中的所有牌进行了解释后，再以指示牌或切牌为基础，综合所有信息，为问卜者提出建议。

注意事项

指示牌或切牌会对代表问卜者现状的第一张牌产生影响，第一张牌会对第二张和第四张牌产生影响，第二张和第四张牌又会对第三张和第五张牌产生影响。只有综合考虑到这些影响，才能做出较为正确的解释。

案例

我想知道是应该去考国家公务员，还是下海经商？

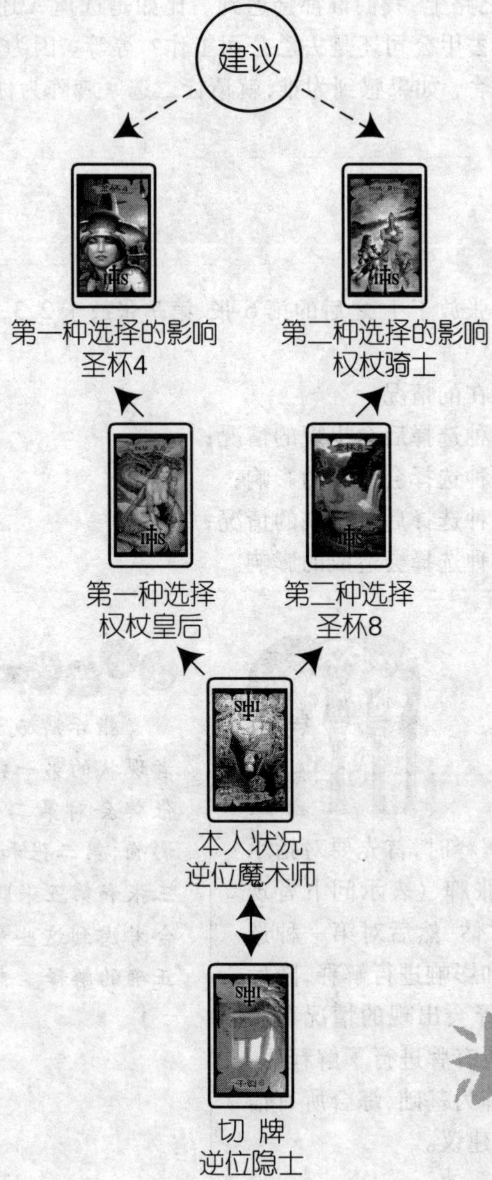

背景:问卜者大学毕业后,面临人生方向上的选择。是走仕途之道,还是走经商之道,他感到左右为难。国家公务员收入不多,但稳定,而且社会地位高;经商存在着风险,但也可能有着巨大的回报,如果成功,同样受人敬慕。在这样重大的人生选择面前,他选择求问塔罗。

单张牌面分析:他的切牌是逆位的隐士,表示他生性懒散,不爱张扬,人际关系上不很成功,与周围的很多人合不来。

代表问卜者目前状况的牌是逆位的魔术师,表示问卜者现在的生活状况非常安逸,环境很好。这可能得益于受到了别人的帮助,而他自己却为此而自信。

如果做出第一种选择,会出现的情况是权杖皇后,表示问卜者如果考上了国家公务员,将会进入一种稳定的状态,努力能够得到回报,而且还会获得别人的帮助。

做出第一种选择所产生的影响是圣杯4,表示在国家机关工作,他的身上将会有秘密需要保守,但能够获得人们客观的评价。

做出第二种选择后会出现的情况是圣杯8,表示问卜者的财运将很旺盛,能够按照自己的想法行动。

第二种选择所产生的影响是权杖骑士,表示这将改变他懒散以及不善交际的性格,让整个人变得朝气蓬勃。

综合分析及建议:从牌面上看,这两种选择各有优劣,很难说哪种好哪种不好。但针对问卜者来说,他身上存在着一些弱点,占卜显示第二种选择能够帮助问卜者改变自身的缺点,创造出美好的生活。

占卜师认为,从人的全面发展的角度来说,第二种选择是他比较欣赏的。但如果问卜者想要保持自己不被改变,选择去考国家公务员也是个不错的选择。

③ 问题六芒星牌阵

人气指数：★★★★★

使用张数：6 张

求问：事情的来龙去脉

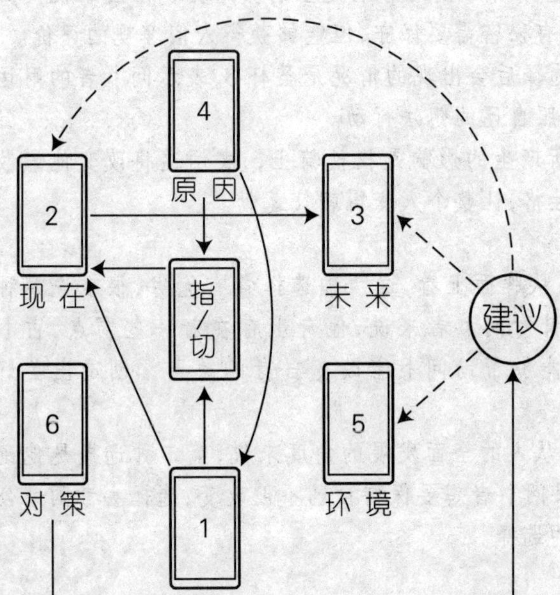

使用时机

当事情经过时间隧道发生了一系列复杂的变化，从而造就今天的结果时，想有一个妥善的处理的话，最好先把事情的来龙去脉梳理清楚，问题六芒星牌阵专门能满足我们的这种需要。

摆法及牌意

从上数第7、8、9张放在1、2、3，之后剩下的牌从上面数，第7、8、9、10张分别放在4、5、6、7。

1：事情已经发生的部分；

2：正在进行的事情；

3：事情尚未发展到的阶段；

4：事情发生的原因；

5：影响事情的环境因素；

6：应对事情的方法。

解牌顺序

解牌时，先要对切牌或指示牌进行评估，看看其对整个牌阵的影响。这项评估完成后，再从原因牌开始解读，然后是过去、现在、环境、未来和办法。全部解读完毕，综合所有信息和相互之间的影响为问卜者提出建议。

★★★推荐指数★★★

恋爱和婚姻	★★★☆☆
工作和学业	★★★★★
投资和理财	★★★★★
人际关系	★★★☆☆
其他	★★★☆☆

注意事项

如果使用指示牌，指示牌会对所有牌有影响；如果使用切牌，则切牌会受到过去牌的影响。原因牌会影响到过去牌和现在牌，过去牌又会影响到现在牌，而现在的情况又会影响到未来。环境因素影响的范围更加广泛，能够对原因、过去、现在和未来都造成影响。

案例

我的这笔投资到底还应不应该继续?

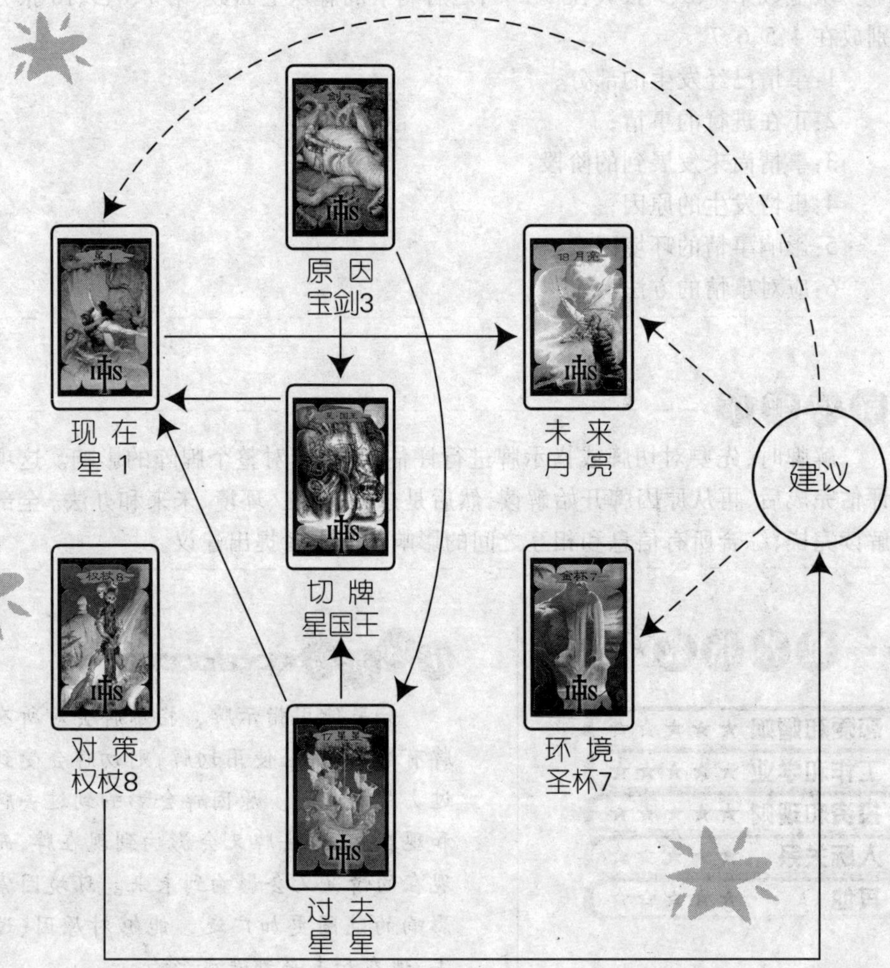

背景:问卜者是一位投资商。前段时间他在某个行情看好的领域里进行了投资,也取得了不错的收益,但是离自己当初的预期仍有一定差距。他不知道哪里出了问题。现在这项投资需要再注入新的资金,他有些犹豫,不知道到底应不应该继续。为此,他找到了塔罗占卜师。

单张牌面分析:问卜者的切牌是星国王,表示他是一个有着精明生意头脑的人,做事情总是能从长远的角度考虑,并且在投资理财方面有很强的判断力。

代表事情发生原因的牌是宝剑3,表示这不是一次很完备的投资,原因不在问卜者的投资条件,而是可能少了什么关键性的因素,致使整项投资未能进入最佳状态。

代表过去的牌是星星,表示过去大家对这项投资都十分看好,认为前途一片光明,但也许这一切不过是海市蜃楼。

代表现在的牌是星1,表示这项投资已经产生了收益,所以问卜者可能会考虑继续投资,甚至加大投资。

代表环境的牌是圣杯7,表示在问卜者身边有一个对于事情总是有着比较浪漫想法的人,这可能会导致问卜者产生错觉。

代表未来的牌是月亮,表示这次投资隐藏着变化的危险,可能会发生一些意外,致使这次投资失败。

代表办法的牌是权杖8,表示应该把主动权掌握在自己手中,保持自由的状态,不要在某一件事上陷得太深,这样才有余地去考虑别的可能性。

综合分析及建议:对于有着精明生意头脑的问卜者来说,其实这次投资条件并不完备,尽管事前大家都很看好这项投资,并且在事实上也的确取得了不错的收益,但在不久的将来,事情就很有可能发生逆转,出现一些预想不到的事情,致使这次投资失败。因此,占卜师建议问卜者保持理性,排出外界的干扰,暂停投资,保存实力,以避免不必要的损失。同时,问卜者还应当注意发掘新的商机,为转移投资作准备。

④ 生命之树牌阵

人气指数：★★★★★

使用张数：11 张

求问：整个生命的状况

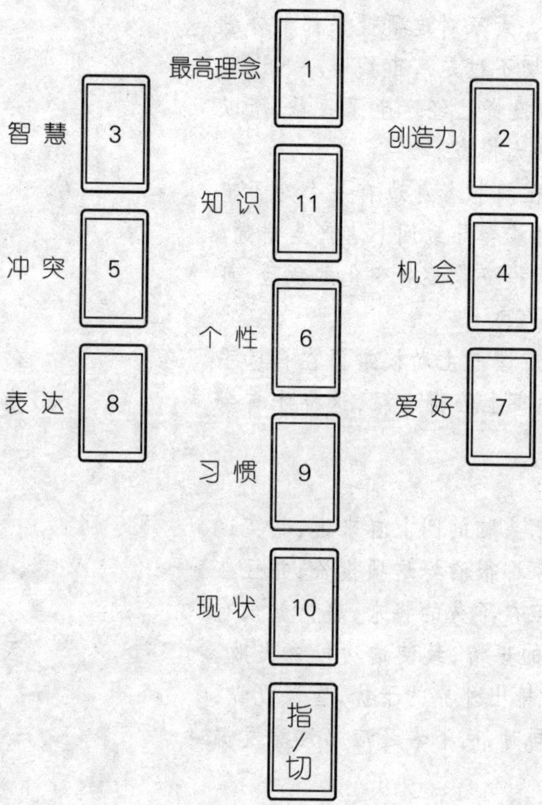

★★★ **推荐指数** ★★★

恋爱和婚姻	★★★☆☆
工作和学业	★★★★★
投资和理财	★★★★★
人际关系	★★★☆☆
健康	★★★★★
其他	★★☆☆☆

使用时机

当我们不满足于对事物表面的解释,而是希望能有更深入的探索时,就可以选择生命之树牌阵。由于要探讨的问题比较深刻,这一牌阵相对比较复杂,对解牌者的要求也更高。

摆法及牌意

从上数第10、11、12张牌放在1、2、3，之后第10、11、12张牌放在4、5、6,之后第10、11、12张牌放在7、8、9,之后第10、11张牌放在10、11。

1:最高理念的象征,代表事情的理想性和目的;

2:创造力,表示具有开拓性、创新性的意蕴;

3:智慧,表示智慧在现实中的地位和作用;

4:机会,表示事物中的积极因素以及外来的帮助;

5:冲突,表示现实中可能存在的各种不和谐因素;

6:个性,用以区别不同事件的不同之处;

7:爱好,表示吸引人的部分及你喜欢的原因;

8:表达,代表沟通、理解以及学习等方面的内容;

9:习惯,表示事件的习惯性方向;

10:现状,表示事情目前的真实状况;

11:知识,代表着我们为人处世所需要的知识。

解牌顺序

先就指示牌或切牌对整个牌阵的影响进行评估，然后按照现状、习惯、表达、爱好、个性冲突、机会、智慧、创造力、最高理念这样的顺序来解释。需要注意的是,第十一张牌知识,要在解释完前十张牌后再抽出来。占卜者会参考这张牌,并综合前面的解释，对问卜者提出建议。

注意事项

生命之树牌阵各张牌之间存在多个组合:最高理念、创造力和智慧组合成为灵性的三角,机会、冲突和个性组成了理性组合;爱好、表达和习惯组成了情绪组合;创造力、机会和爱好组成了与阳性的能量有关的仁慈之柱;智慧、冲突和表达组成了与阴性的能量有关的严厉之柱;最高理念、个性、习惯和现状组成了与本质有关的平衡之柱。这些组合之间,相互都具有较强的互动性和影响力,在解牌时,必须留心这些组合。

案例

认识这个朋友对我个人而言有什么意义？

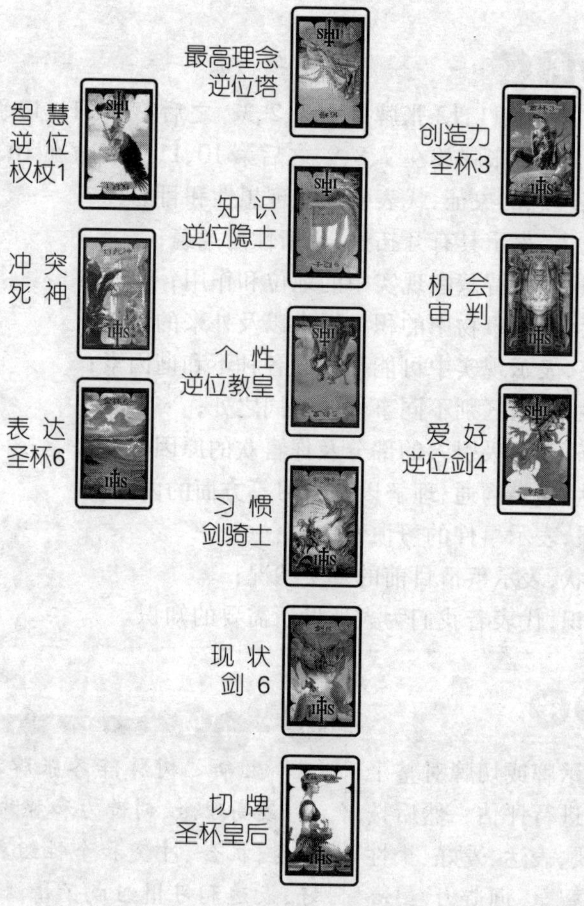

背景：问卜者是一位在生意场上摸爬滚打多年的生意人。他工作非常勤奋，事业上也有了一定的发展。最近，他结识了一位他所在的行业中很有影响的人物。他们俩刚一认识，就有相见恨晚的感觉，聊得非常投机。问卜者隐隐感到，与这位朋友的结识将有不同寻常的意义。为此，他决定占卜一下其中的深意。

单张牌面分析：切牌是圣杯皇后，表示问卜者对自己的总体情况还比较满意。

现状牌是剑6，表示问卜者结识那位朋友是一件好事，他自身由此能够得到好处，也许是某种特殊意义的帮助。另外与对方相处，也能使他开心。

习惯牌是剑骑士，表示问卜者与对方的结识，将有可能给他带来上佳的运气，即使遇到困难，也能轻易化解。

表达牌是圣杯6，表示双方之间的交往，也可能因为二人过去的一些习惯而出现一些障碍，但双方都会为排除障碍而付出努力。

爱好牌是逆位剑4，表示令问卜者高兴的是，对方与他交往没有功利企图。

个性牌是逆位教皇，表示他们之间的交往可能被外界认为很荒唐，违背常理，并且觉得他们的关系不会很长久。

冲突牌死神，表示在某一段时间里，他们的交往可能因缺乏创意而变得乏味。交往中，他们可能会挥霍大量金钱，使双方都难以承受。这些情况可能暂时使他们的友谊中断，并且不会有人试图帮助他们恢复友谊。

机会牌是审判，表示由于机缘，他们破裂的友谊可能会得到恢复，两人的交往也开始得到他人的肯定。一旦如此，问卜者的运气会好转，精神也会得到振作。

智慧牌是逆位权杖1，表示在他们的关系遭遇困境、看不到希望的时候，需要充分运用智慧来指导自己的行为，化解友谊的危机。

创造力牌是圣杯3，表示问卜者通过这次交往，将可能对自己的命运更具主导力，能够理智地面对生活，更尊重自己内心的愿望。

最高理念牌是逆位的塔，表示问卜者通过与这位朋友的交往，一些旧有的观念将会被颠覆，新的思想将会在一片混乱中诞生。

知识牌是逆位的隐士，表示对这样一种交往，问卜者从思想上应该予以重视，这是他过去学到的知识的实践机会。他应该充分运用以前的知识，在交往过程中仔细研究，这样他们友谊的发展就有可能避免坎坷而变得顺利。

综合分析及建议：本例中，交往双方可能存在着地位上的差距，于是引来了旁人的风言风语。同时，他们之间也因不同而有着摩擦。但真正的友谊是能够经受住考验的，只要交往双方一起持续地付出努力，这些困难都是可以克服的。

占卜师认为，机会之所以是机会，是因为其并不常见，既然有这样的机会，问卜者就应该把握住。在交友上，如果既能有精神上的愉悦，又能带来物质上的好处，那是最理想的了，毕竟不是每个人都能交到这样的朋友。问卜者需要做的是多从积极的方面去想和做，这样才能有助于他们友谊的健康发展。

⑤ 维纳斯之爱牌阵

人气指数：★★★★★

使用张数：8 张

求问：爱情

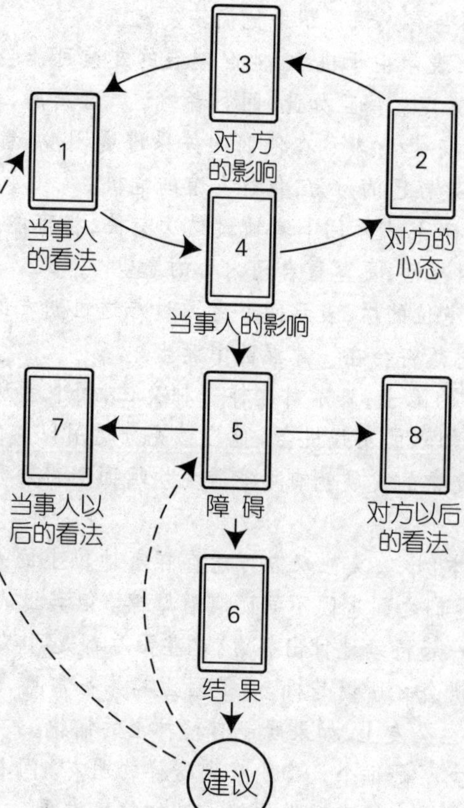

使用时机

维纳斯之爱牌阵是专门针对爱情问题进行占卜的牌阵，并且也是最著名的解读爱情问题的牌阵，它既可以对爱情双方现在的情况进行比较精确的反映,又能对爱情双方未来可能出现的变化做出预测。

摆法及牌意

维纳斯之爱牌阵不使用切牌或指示牌,同时也不使用大阿尔卡纳牌,只用56张小阿尔卡纳牌进行占卜。摆牌时按照抽牌的顺序进行。

1:问卜者对问题的看法;

2:爱情另一方对问卜者的心态;

3:问卜者受对方的影响;

4:对方受问卜者的影响;

5:双方之间的某些障碍;

6:恋情的结果;

7:问卜者以后回首这件事时的想法和心情;

8:对方以后的想法和心情。

解牌顺序

在这里解牌的顺序不是完全按照抽牌的顺序。前四张解牌的顺序与抽牌的顺序相同,然后解释第七和第八张牌,最后解释第五和第六张牌。在八张牌都解释完后,再综合所有信息,对问卜者提出建议。

★★★推荐指数★★★

恋爱和婚姻 ★★★★★

注意事项

维纳斯之爱牌阵的前四张牌会对第五张牌产生影响,第五张牌又会对第六张牌产生影响。

案例

他真的很在意我们之间的感情吗？

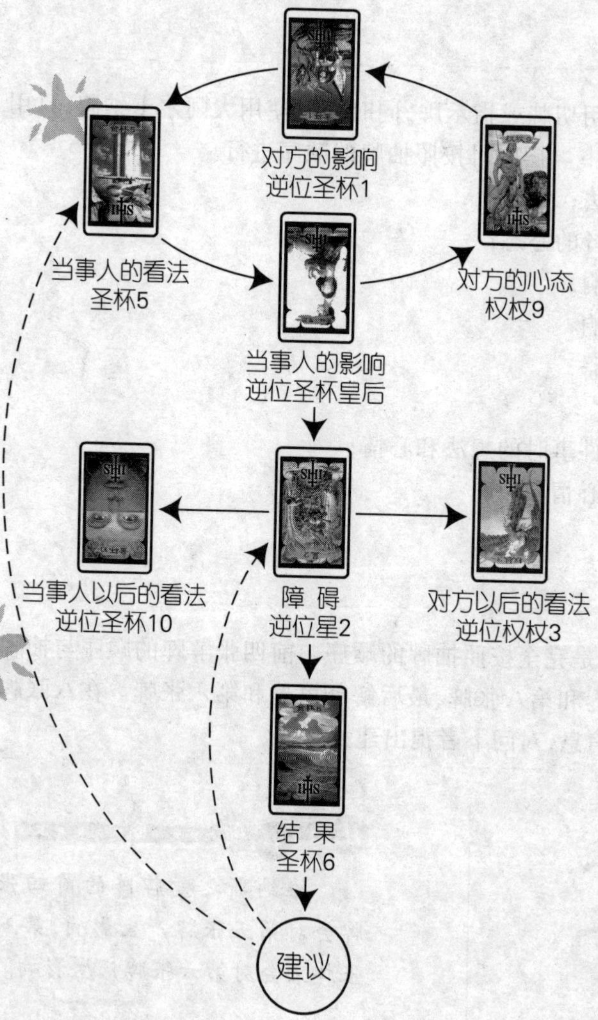

背景： 问卜者是一个女孩。一次，她去她男朋友的单位找他，看到男朋友与几个女同事有说有笑的，心里产生了妒意，当时就没给男朋友好脸色。她原以为这下会把男朋友吓住，可她男朋友却不为所动。这下她就更生气了，一怒之下离开了男朋友单位。后来，男朋友找她赔了不是，好说歹说才续上了与她的关系。不过这一次事后，她心里开始犯了嘀咕，他真的很在意我们之间的感情吗？她感到看不透男朋友的心，所以她来找了塔罗占卜师。

单张牌面分析:代表问卜者真实想法的是圣杯5,表示问卜者感觉到自己存在着潜在的对手,很可能就是她男朋友的那些女同事之一。自己的男朋友每天与她们一起工作,占尽优势,这使她有种极为强烈的危机感。她并不想与谁对立,但对这种事情也决不能容忍。

代表对方真实想法的牌是权杖9,表示问卜者的男朋友是个比较散漫的人,他可能忽视了问卜者的感受。而且他为人比较任性,别人的话总是不放在心上。他不是存心怠慢女友,可是同样给女友造成了伤害。

代表问卜者受对方影响的牌是逆位圣杯1, 表示问卜者虽然有时会以绝交相威胁,可实际上内心更在乎她的男朋友。她经常为他不能理解自己而烦恼,也为他们的未来而不安。因为在乎对方,所以可能也总难免难过、伤感。

代表对方受问卜者影响的牌是逆位圣杯皇后, 表示问卜者的男友比较大大咧咧。他当然能感受到女友对自己的重视, 这不但没有使他更加珍惜他们之间的感情,反而让他觉得自己魅力非凡。

代表障碍的牌是逆位的星2,表示两个人可能会出现一些争吵和猜疑。在很多事上,他们可能无法达成一致意见,并有可能为此引起摩擦。

代表恋情结果的牌是圣杯6,表示他们之间的感情依照这种趋势,很可能有结束的危险。毕竟就像西谚所说的,爱情不是一颗心去敲打另一颗心,而是两颗心相互碰撞产生的火花。

代表问卜者后来的看法和心情的牌是逆位圣杯10, 表示经过一段时间后,问卜者回忆起这段感情,情绪依然会非常激动。她会痛恨对方,也会后悔这段感情。

代表对方后来的看法和心情的牌是逆位权杖3, 表示问卜者的男友回忆往事时则会表现出某种留恋,也许这是一次最令他感到自信的恋爱。从那以后,也可能他的自信就开始消失了。

综合分析及建议:恋爱中常常会有一个主动,一个被动的情况。以通常的眼光看,被追求者往往地位更高一些,在恋爱中处于更有利的位置。实际上这是一种假象。表面上的主动,不一定是说自己的内心对恋爱有着强烈的渴望;表面上的被动,也不是说自己的内心真的满不在乎。就像这一例中,表面上看,问卜者更在乎对方。可到了事情结束,其实问卜者的男友更渴望这份感情。

占卜师奉劝问卜者不要太过投入,要把握住自己的感情。因为对方并不很在意她,如果陷入过深,痛苦的只会是她自己。

⑥ 克尔特十字牌阵

人气指数：★★★★★

使用张数：10 张

求问：事情全方位的情况

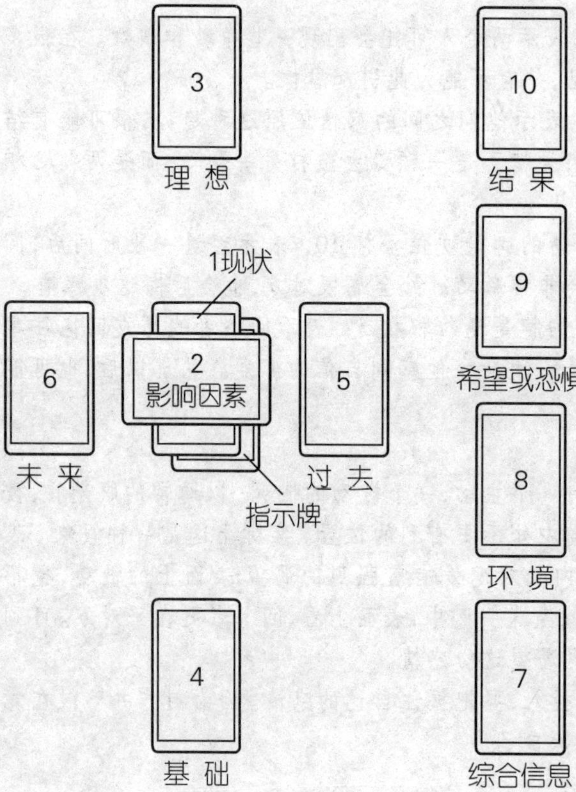

★★★ **推荐指数** ★★★

恋爱和婚姻	★★★★☆
工作和学业	★★★★★
投资和理财	★★★★★
人际关系	★★★★☆
健康	★★★☆☆
其他	★★★☆☆

使用时机

克尔特十字牌阵是最经典的一种塔罗牌阵，也是被广泛使用的一个高级牌阵。当我们遇到一件事情，想要对这件事情的里里外外各种因素都分析个透,就应该选择克尔特十字牌阵。

摆法及牌意

从上数第7张牌放在1,之后第7张牌逆时针方向90度放在2,压在1上面,依序每第7张牌放3–10。

1:问卜者主观看到的现在的基本情况;

2:影响现状的各种因素;

3:问卜者对事情的主观愿望;

4:问卜者所具备的各种基础条件;

5:问卜者的过去;

6:问卜者将要经历的事情;

7:指示牌和左面构成十字图案的六张牌综合起来的信息;

8:从第一张到第七张牌中所包含的环境信息;

9:面对这样的状况问卜者所希望或担心的事情;

10:将前面所有的牌进行综合分析后得出的结论。

解牌顺序

遵循的是时间顺序。首先要解读的是过去牌和基础牌;在了解了过去和问卜者所具有的条件后,再对现在的基本情况和影响因素进行分析;然后来解析理想和未来这两张牌;之后用自我这张牌对前面的分析进行总结;在此基础上解读这件事的环境因素和问卜者的内心希望与忧虑;最后根据这些分析导出结论,并向问卜者提出建议。

注意事项

值得注意的是，这些牌之间存在着内在的逻辑联系。问卜者现在看到的基本情况受着影响因素的影响。问卜者过去的各种经历逐渐形成了现在的基础，并使其具有了某种能力。理想是问卜者行动的目标，也对问卜者有着巨大的吸引力。占卜时，必须弄清楚这些牌的关系以及相互之间的影响。

案例

我想知道公司里关于某一方案发生分歧的真正原因。

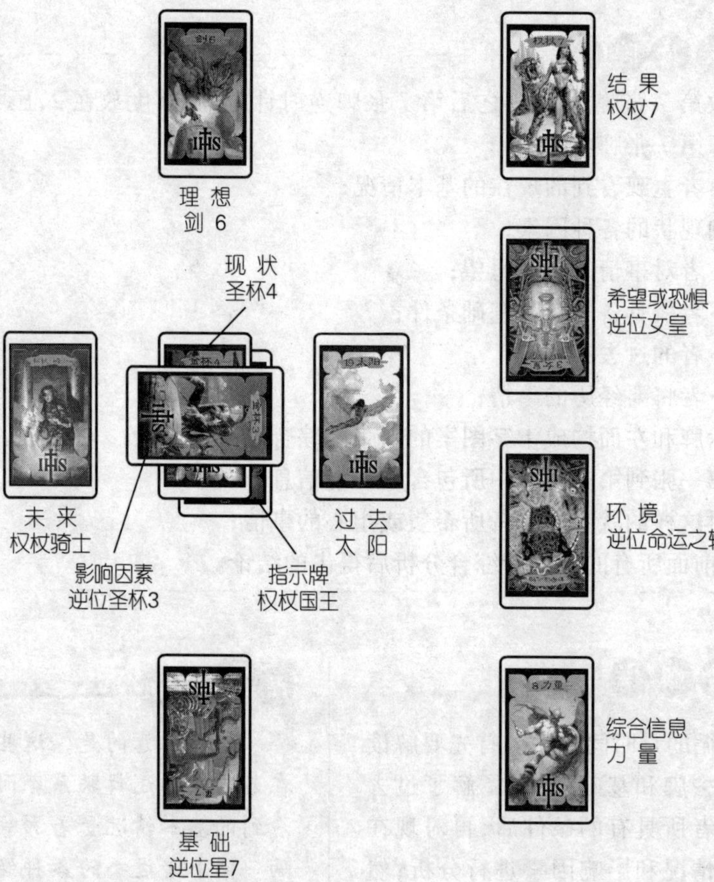

背景：问卜者是某公司的一名市场策划人员，由他主笔的一个方案在公司引起了很大的争议。在会议上，人们摆出了很多冠冕堂皇的理由，但没有一个反驳的理由他认为是站得住脚的。为此他大为不解。难道真是自己错了，还是周围很多人的判断能力低下？事实上，这些批评者在很多时候表现得是相当聪明的。他越想越糊涂，于是来找塔罗占卜师。

单张牌面分析:问卜者的指示牌是权杖国王,表示问卜者是个自尊心很强的人,一直以来都很顺利,这也使他更加自信。

过去牌在这里抽到的是太阳,表示问卜者在过去的工作中业绩卓著,由此也可能受到了公司上层的肯定,他自己也干劲十足,自信高涨。

基础牌是逆位的星7,表示问卜者的基础条件十分一般,在金钱方面可能还有所欠缺,一些不好的事情可能也对他有不好的影响。

现状牌是圣杯4,表示问卜者内心深处实际上感到公司的情况并不像自己看到的那样,肯定还有很多他不知道的隐情。有种无形的力量使他感到压力,他凭借自己的直觉判断,认为很多他的批评者可能正是这种无形压力的来源。

影响因素牌是逆位的圣杯3,表示对问卜者方案的否定力量来自于问卜者不了解的一些情况,他的方案可能触动了一些人的利益。

理想牌是剑6牌,表示问卜者希望能得到公司内有眼光又无一己私利的人们的帮助。

未来牌是权杖骑士,表示以后的情况将会好转,很可能有好的转机在等待着他。

综合信息牌是力量,表示虽然有来自一些方面的阻力,但方案的正确性却不会因此而被否定,并且有可能逐渐得到更多人的认同。

环境牌是逆位的命运之轮,表示环境中的不利因素主要来自一些为维护一己利益而进行的私下操作,从而使方案暂时被搁置。

希望或恐惧牌是逆位的女皇,表示问卜者担心自己因为方案被否定而危及到自己在公司里的地位。

结果牌是权杖7,情况将得到解决,问卜者担心的事情终将不会发生。

综合分析及建议:面对同一个问题,不同的人总会有不同的看法。产生不同看法的原因当然会有很多,可最根本的原因还是因为每个人都是站在自己的利益角度来考虑问题。问卜者的方案实际上并没有什么问题,而是因为触动了某些人的利益,遭到了反对。但这些反对者往往考虑到的是他们的既得利益和眼前利益,而忽视了最长远、最根本的利益。因为只有公司有了更好的发展,他们在公司的利益才能更加稳固。如果为了自己一时的小利,阻碍了公司的发展,公司要垮了,自己在公司的利益不就没了吗?

占卜师认为,问卜者的方案在追求公司整体利益的同时,也应该兼顾到公司内不同岗位、人群的局部利益。如果做到了这一点,他的方案通过并实施的可能性也就会更大。要做到这一点,就应该多站在不同人的立场上去想一想。

⑦ 其他玩法

在本部分,我们为大家介绍其他种类的牌阵玩法。需要注意的是,除特别标明“22张”(即只使用22张大阿卡纳牌)和“56张”(即使用56张小阿卡纳牌)的,其他所有牌阵一般均既可使用22张大阿卡纳牌,亦可使用整副牌。运用整副牌的好处在于可以获知更加详细的信息,当然对于使用牌张数较少的牌阵,一般使用22张大阿卡纳牌即可。另外,牌阵中牌面为空白的,代表指示牌或切牌。

1.处境变化牌阵

★★★ 圣三角(22张) ★★★

求问:一般问题

使用时机:

圣三角作为牌阵的初级形式,十分简单易学,往往是初学者第一个要练习和掌握的牌阵。它适合拿来问短时间内的问题,也很适合用来问是非问题,由之可以得到清晰明确的答案。

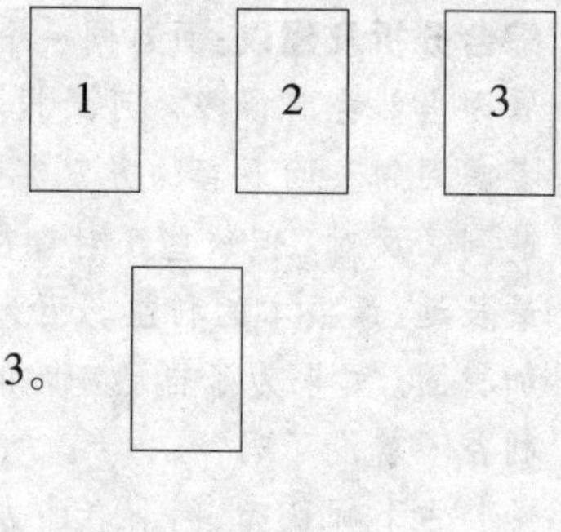

摆法及牌意:

从上数起,第七张放在1,第14张于2,第21张于3。

1:过去,即问题过去的状况或形成的原因;

2:现在,即问题现在的状况;

3:未来,即这个问题未来的发展方向、结果的最终预测。

★★★ 时间之流(22 张) ★★★

求问:变化、发展

使用时机:

该牌阵专用于问卜一件事情或一个方面随时间变化而出现的情况，比如健康状况、感情发展、职位升迁等。时间之流是对圣三角的变形。

摆法及牌意:

洗牌切牌完毕后,牌面朝下,从上数起,第 7 张放在 1,第 14 张于 2,第 21 张于 3。

1:已经发生过的事情;

2:当前的情况,也是一种纯客观的反映;

3:放任事情发展,不发生任何作为,事情将会出现的结果,是一种对未知的判断。

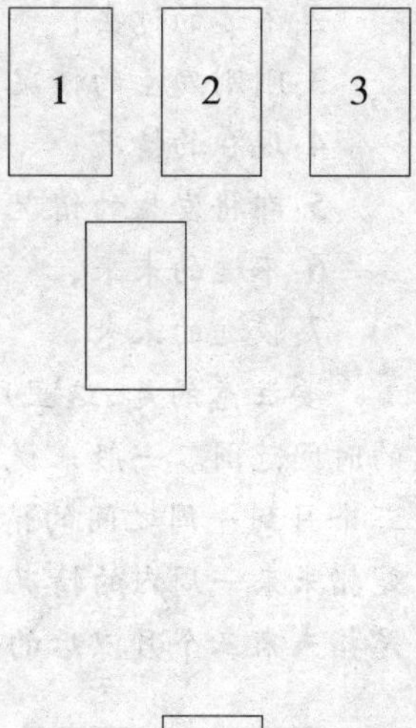

★★★ 钻石展开法(22 张) ★★★

求问:是非问题

使用时机:

钻石展开法与圣三角牌阵类似，都是针对问题的过去、现在及未来情况来做解释。它适用于是非题,如“可不可以……”“会不会……”“要不要……” 等要求有明确结果的题目。而与圣三角牌阵不同的是,它的现在情形,是以两张牌来综合解释,所以更能充分反映问卜者的现况。

摆法及牌意:

随意抽 4 张牌,依序放在 1,2,3,4 的位置。

1:过去

2,3:现在

4:未来

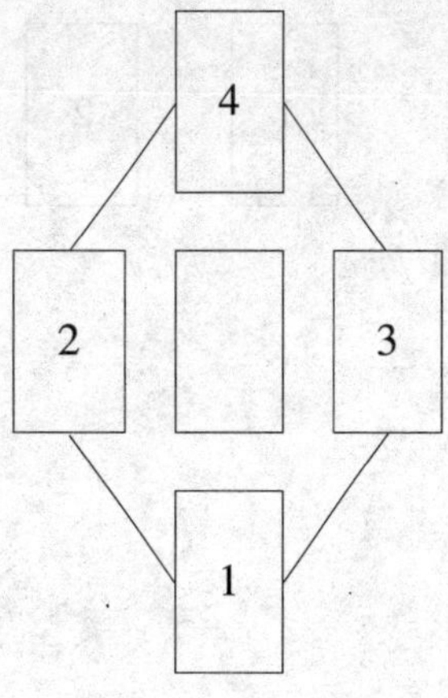

★★★ 时间变化 ★★★

求问:事情的趋势、变化

使用时机:

时间变化牌阵是专用于已经发生、尚未结束的某一事情,是对于这类事情在未来将会发生的变化进行占卜的牌阵。与时间之流牌阵不同的是,它将过去和未来进行了更细致的划分,因而是它的高级形式。

摆法及牌意:

随意抽取 7 张牌放在 1—7 的位置。

1:离现在较远的过去;

2:不远的过去;

3:刚刚发生的情况;

4:现在的情况;

5:即将发生的情况;

6:不远的未来;

7:较远的未来。

要注意的是,这里所谓的较远、不远以及刚刚发生或即将发生,通常都有一定的时间范围。一般来说,较远的过去是指三个月以前的情况,不远的过去是指此前三个月到一周之间的情况,刚刚发生是指近一周的情况,现在即指现在,即将发生是指未来一周内的情况,不远的未来是指未来一周至三个月内的情况,较远的未来是指未来三个月以后的情况。

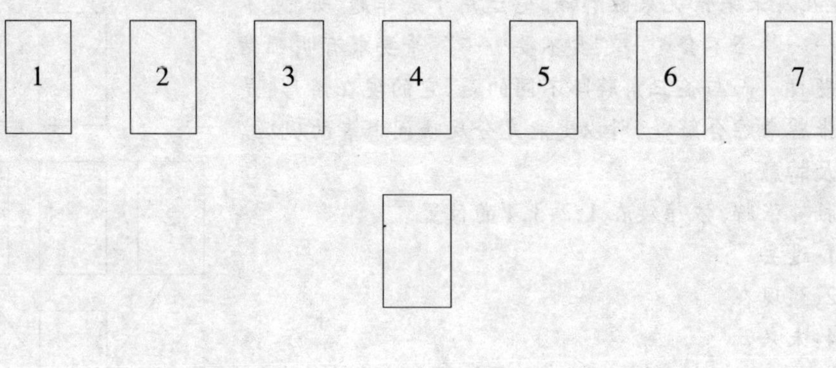

★★★ 未来发展 ★★★

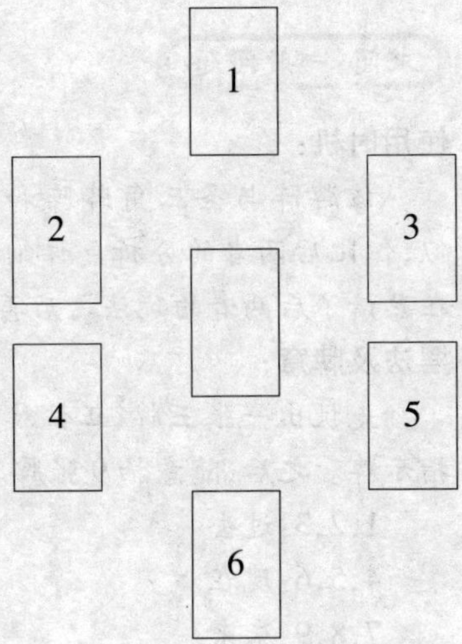

求问:未来整体发展趋势

使用时机:

当对于爱情、工作、财运等各方面在未来的变化及发展想有一个整体性的了解时，可以使用这一牌阵。

摆法及牌意:

洗牌切牌完毕后，随意抽取6张牌放在1—6的位置。

1:现在　　4:财富

2:爱情　　5:成就

3:工作　　6:结果

★★★ 四要素 ★★★

求问:未来的可能变化

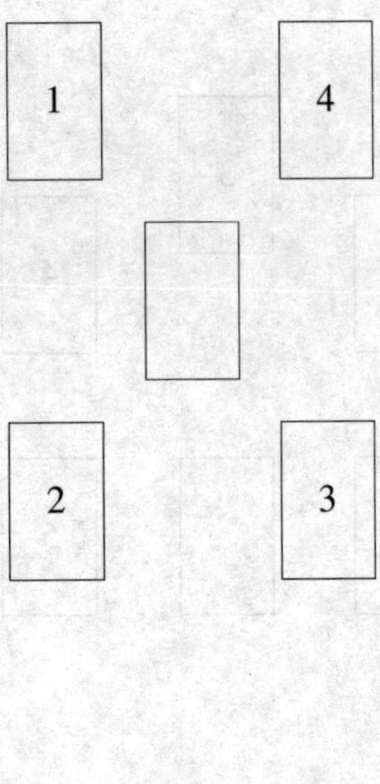

使用时机:

四要素牌阵一般是分析在未来的某个时候可能出现的某种状况而经常采用的牌阵。由于未来的因素很多无法确定,所以经常要用一些假设的前提来做条件。

摆法及牌意:

从上数第4张放于1,第8张放于2,第12张放于3,第16张放于4。

1:火要素,代表未来的努力方向及精神方面的东西。与工作相关时,指上级或客户;

2:土要素,代表未来的物质及财富状况。问与特定人的关系时,代表性。

3:风要素,代表现在遇到的问题或伤害;

4:水要素,代表人际关系及感情方面的情况。与工作相关时,也表示同事或下级。

★★★ 时间的预测 ★★★

求问:一般问题

使用时机:

该牌阵与圣三角牌阵和未来发展的牌阵功能类似,但比后两者的分析更详细,因而也更加精确。建议在熟谙了后两者的玩法之后再学习此牌阵。

摆法及牌意:

先挑出一张王牌,正位放置在最上面,作为问题的指示牌。之后,随意抽9张牌。

1,2,3:过去

4,5,6:现在

7,8,9:未来

★★★ 处境马蹄 ★★★

求问:处境的变化

使用时机:

处境马蹄牌阵是帮助我们了解自身处境的好帮手,它能够对我们身处的环境及其变化做出非常精准的描述,可以对我们的行为做出良好的指导。

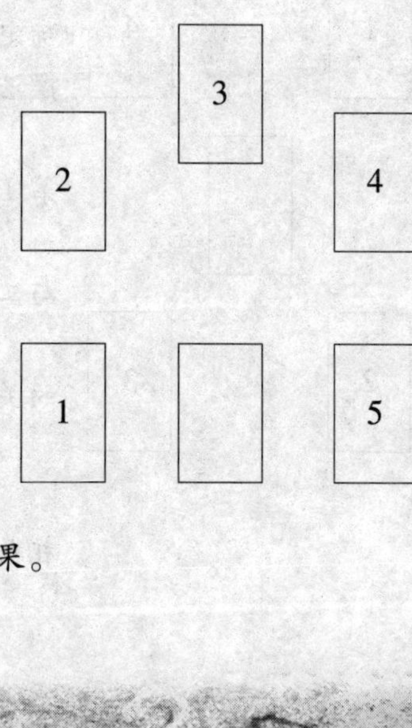

摆法及牌意:

随意抽取5张牌依序放在1—5的位置。

1:目前的状况;

2:环境变化中可以预知的情况;

3:环境变化中本人无法预知的情况;

4:事情即将有的发展;

5:如果延续第4张牌的发展趋势,将会出现的结果。

★★★ 幸运马蹄 ★★★

求问:应对变化的办法

使用时机:

幸运马蹄牌阵是针对某一事情的发展变化进行分析预测的牌阵。通过对事情发展变化的分析预测,也能帮助我们找到一个比较理想的解决之道。

摆法及牌意:

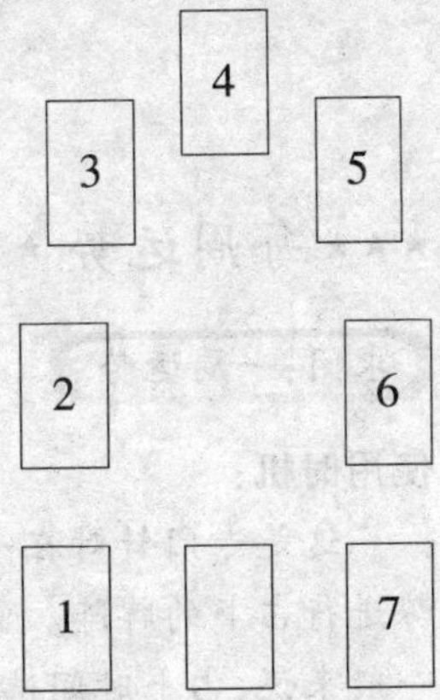

随意抽取 7 张牌放在 1—7 的位置。

1:已经发生过的各种情况;

2:现在正在发生的情况;

3:未来将要出现的状况;

4:面对未来的情况可以选择的行动方案;

5:本人无法控制的一些环境因素;

6:这件事情的发展中会遇到的困难;

7:最终可能出现的结果。

★★★ 时间金字塔 ★★★

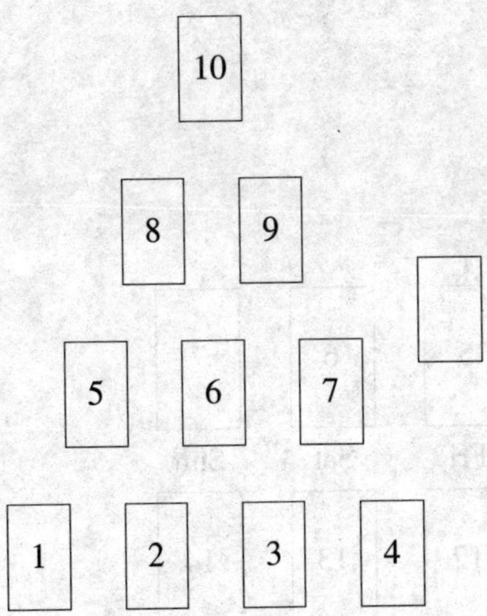

求问:某事在较长时间内的变化

使用时机:

时间金字塔牌阵是针对某一事件如何发展时使用的牌阵。这一牌阵只针对某一件事,但在时间上没有限定,可以有很长的跨越。

摆法及牌意:

从下往上摆放 1—10。

1—4:表示要占卜的事情过去的状况;

5—7:表示的是现在的状况;

8,9:表示的是未来的情况;

10:表示这一事件的最终结果。

2.运势牌阵

★★★ 每周运势 ★★★

求问:一周运势

使用时机:

这是专门针对在一周之内,问卜者的某一方面情况,甚至具体到某一件事的走势进行占卜的牌阵。需要注意的是,在这一周中,对同一占卜对象,只能占卜一次。一般来说,占卜时间选择在星期天的早上最好。

摆法及牌意:

随意抽取 14 张牌依序放在 1—14 的位置。

1,8:星期一

2,9:星期二

3,10:星期三

4,11:星期四

5,12:星期五

6,13:星期六

7,14:星期日

1	2	3	4	5	6	7
Mon	Tue	Wed	Thu	Fri	Sat	Sun
8	9	10	11	12	13	14

★★★ 七行星 ★★★

求问：个人运势

使用时机：

七行星牌阵是针对某一件事情进行性质分析，或对问题的各个方面进行综合判断的牌阵。这个牌阵有一定的难度，因为行星的内涵非常广泛，一般人面对各种答案可能无所适从。另外各个行星之间的关系，也不被一般人所了解，因而这个牌阵更适合于那些对星象学有研究的人。

摆法及牌意：

随意抽取 7 张牌依序放在 1—7 的位置。

1：月亮，代表家庭因素或安全感；

2：水星，代表商业贸易，也代表与他人的交流和互动；

3：金星，代表财务及人际关系，也代表人的感情生活；

4：太阳，代表地位和荣耀，并与个人的自我表现有关；

5：火星，代表问题和冲突，并与个人的行动能力有关；

6：木星，代表机会和幸运，并与个人的长远目标有关；

7：土星，代表责任与限制，也和人的疾病有关。

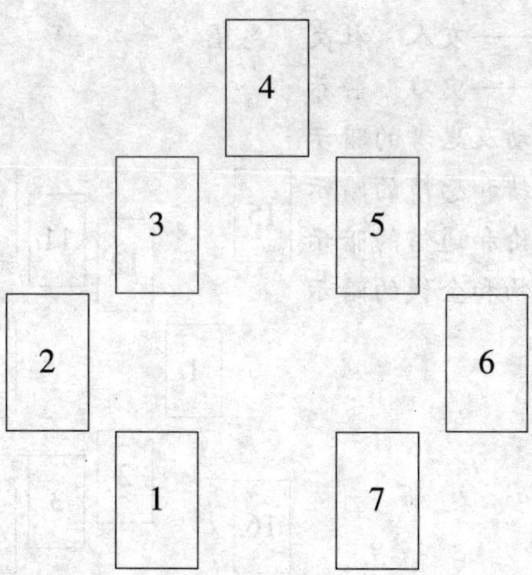

★★★ 出生宫位(78张) ★★★

求问:最近半年的运势

使用时机:

出生宫位是预知未来半年运势的理想牌阵。它共由16张牌组成,第1–12分别代表12星座,第13–16则分别代表火、水、风、土四大要素。在不使用这后四张牌的情况下,此牌阵亦被称做黄道十二宫。

摆法及牌意:

第7张放于1,依序每第7张放在2—12的位置。之后,每第4张放在13—16的位置。

1:白羊　本人宫——性格或主张、行动
2:金牛　财帛宫——金钱及物质运
3:双子　知识宫——兄弟　短期旅行
4:巨蟹　家庭宫——家庭　母亲　住家
5:狮子　娱乐宫——恋爱　娱乐　小孩
6:处女　工作宫——疾病与健康　部属
7:天秤　人际宫——人际关系　结婚
8:天蝎　性与死宫——性与死　遗产继承
9:射手　精神宫——学问　长途旅行
10:摩羯　社会宫——社会评价　父亲
11:水瓶　友情宫——友人　社交　愿望
12:双鱼　秘密宫——灾难　静养
13:火　精神　行动及思考的暗示
14:水　感情　情绪和感情的暗示
15:风　知识　言论和通信的暗示
16:土　物质　事物和金钱的暗示

★★★ 全年运势 ★★★

求问:未来一年的运势

使用时机:

岁末年初往往意味着一段新生活的开始,此时,你可能会想,在新的一年里,自己身上会发生些什么事呢?自己的爱情、事业、财运、健康状况等等,会不会发生改变或改观?如果你有了这样的疑问,那就快快拿起塔罗牌,用全年运势的占卜法为自己做个占卜吧!

摆法及牌意:

将第七张放在1,依序排列。

1:一月　2:二月　3:三月　4:四月
5:五月　6:六月　7:七月　8:八月
9:九月　10:十月　11:十一月
12:十二月　13:整年

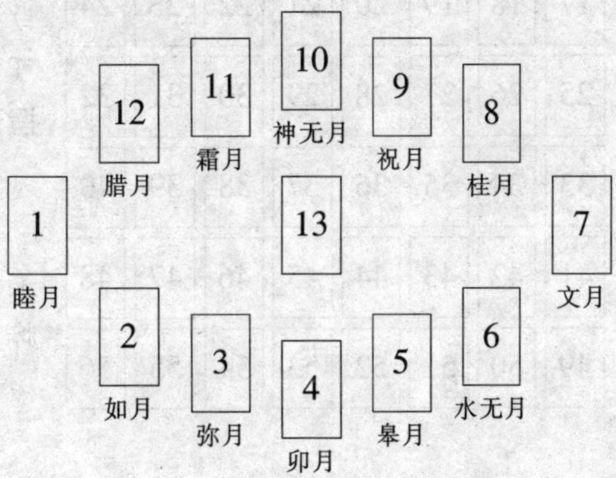

★★★ 漩涡牌型 ★★★

求问:整体运势

使用时机:

本牌阵适合对整体运势进行分析。

摆法及牌意:

洗好牌后,依1—18的顺序放牌。解牌时要从外侧解回来。

18—16:现况
15—12:现况分析
11—9:过去
8—6:周围状况
5—4:你的真心
3:小未来
2:大未来
1:最后结果

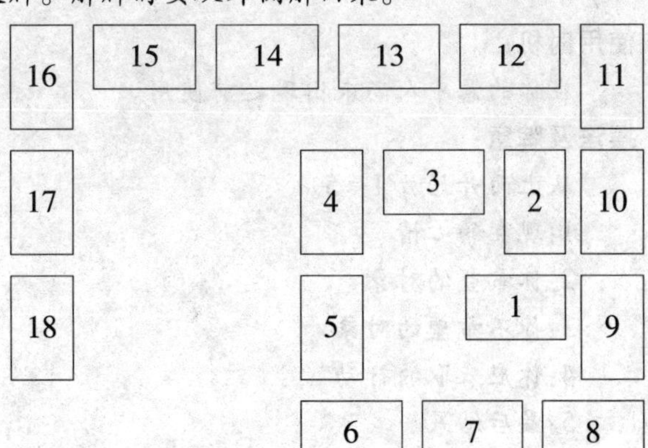

★★★ 迷宫的尽头(56张) ★★★

1	2	3	4	5	6	7	8
9	10	11	12	13	14	15	16
17	18	19	20	21	22	23	24
25	26	27	28	29	30	31	32
33	34	35	36	37	38	39	40
41	42	43	44	45	46	47	48
49	50	51	52	53	54	55	56

求问:当下的运气

使用时机:

此牌阵适合用来随机预测运气,即预测当下正在进行或将要进行的某事,其成功的可能性有多大。

摆法及牌意:

全部的牌朝下。

从左上角第一张开始,遇到圣杯和五角星翻右边的牌,遇到宝剑和权杖翻下面的牌。直到无法翻下一张牌为止。

以翻到最后一张牌的含义为主。

3.恋爱和婚姻牌阵

★★★ 寻找对象 ★★★

求问:将来的伴侣

使用时机:

在你的意中人尚未出现之前使用。

摆法及牌意:

从上面开始放1—5。

1:现在的心情

2:你希望的对象

3:你不希望的对象

4:你应采取的行动

5:最后结果

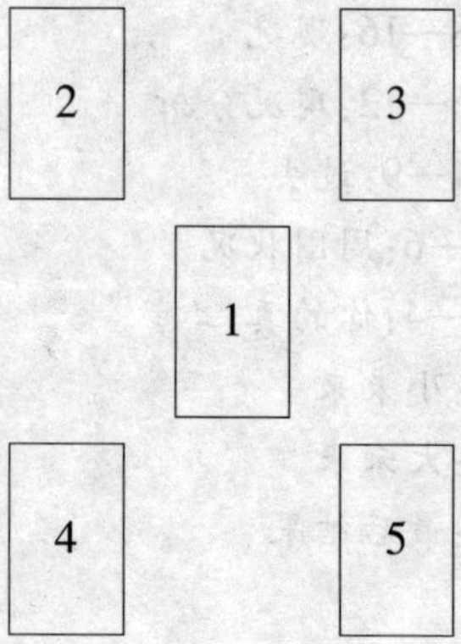

★★★ 一见钟情 ★★★

求问：与某异性的缘分

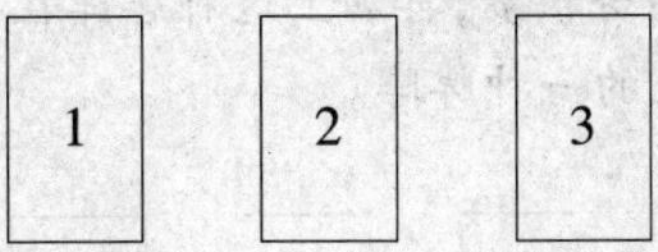

使用时机：

当你遇到了让你心仪的对象时，可以用这个简单的三张牌牌阵测测你们之间的缘分。

摆法及牌意：

1：我对他的印象

2：他对我的印象

3：关系发展的可能性

★★★ 爱之星 ★★★

求问：男女交往状况

使用时机：

想知道和与你正在交往的异性能不能擦出爱的火花？爱之星牌阵直指人的内心世界，帮助你在转瞬间窥探出对方内心隐藏的爱的秘密。

摆法及牌意：

把牌展开成扇型，随意抽取6张。

1：现状

2：女方心情

3：男方心情

4：过去

5：你的期望

6：最后结果

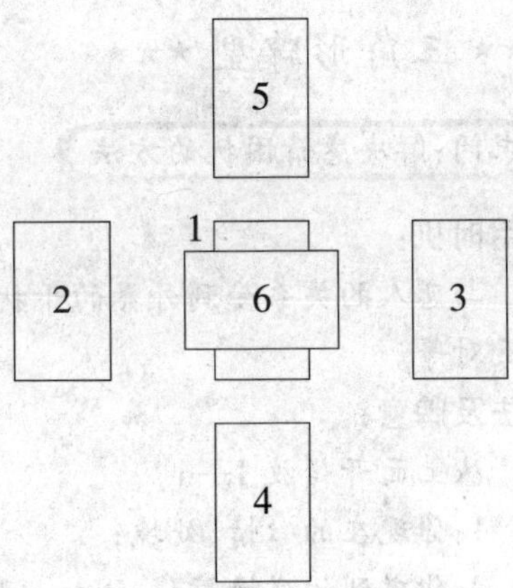

★★★ 吉普赛十字 ★★★

求问：爱情

使用时机：

吉普赛十字牌阵是一种专门针对爱情问题进行分析的塔罗占卜牌阵。由于爱情问题每个人都会遇到，而且在爱情中涉及的方方面面会很多，再加上这种牌阵在操作上并不复杂，所以这也是塔罗牌阵中应用比较广泛的一种牌阵。

摆法及牌意：

将洗好的牌从左至右，从上到下摆成一个方阵，然后选取中央成十字的五张牌进行解读，最终做出判断。

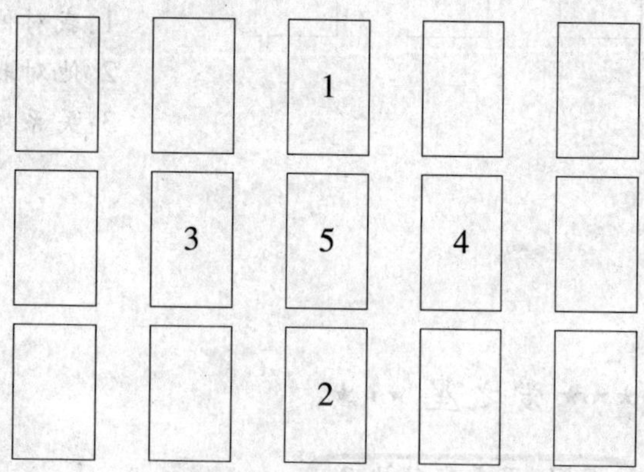

1：问卜者目前的心态；
2：问卜者现在的状况；
3：问卜者应采取的举措；
4：恋爱双方周围的情势；
5：两人关系未来的状况。

★★★ 三角形牌型 ★★★

求问：解决感情困扰的方法

使用时机：

与恋人的关系受到外界的干扰和阻挠时使用，比如有第三者介入，或受到长辈的反对等。

摆法及牌意：

从上面开始放1—4。

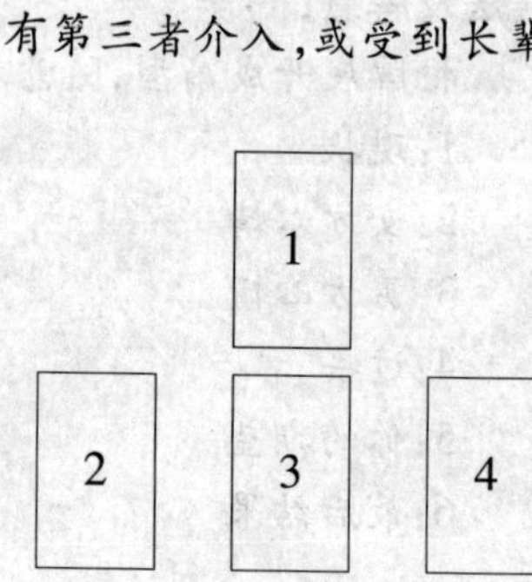

1：你现在的心情、处境；
2：你碰到的感情障碍、困扰、问题；
3：未来的影响；
4：你的选择、最后的结果。

★★★ 爱情金字塔 ★★★

求问:与恋人关系的未来发展

使用时机:

当想知道与自己的恋人在未来较长时间内的恋情进展情形时,可以使用该牌阵。

摆法及牌意:

随意抽取4张牌,依序放置。

1:自己
2:对方
3:彼此的关系
4:未来发展

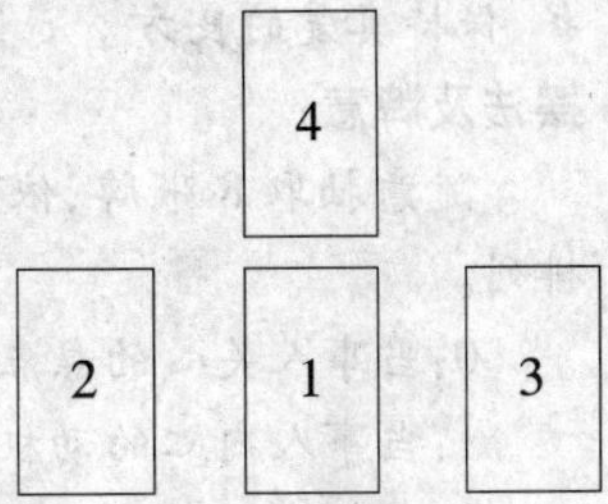

★★★ 爱情之树 ★★★

求问:一生爱情运势

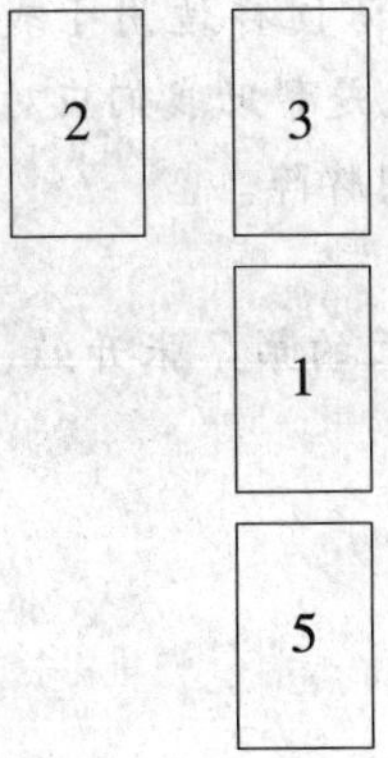

使用时机:

当你想全面了解自己整个一生的爱情运势时,使用这个牌阵就再合适不过了。

摆法及牌意:

1:自己
2:过去
3:现在
4:未来
5:潜在影响

★★★ 珍珠项链 ★★★

求问：走出爱情盲点的办法

使用时机：

人的视觉有盲点，爱情同样也有它的盲点，不注意它，不去解决它，你很有可能在不自知中丢失掉宝贵的爱情。珍珠项链牌阵就是指引你走出爱情盲点，长久呵护、保持真爱的良方。

摆法及牌意：

随意抽取 8 张牌，依序排列。

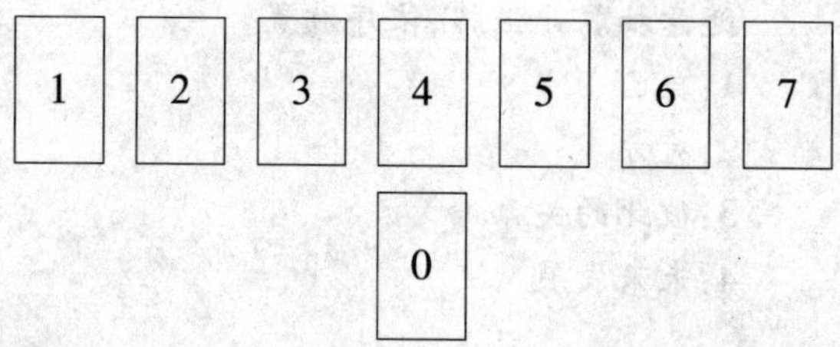

0：当事人关心的焦点

1：当事人内心的动机

2：要解决问题的所在

3：盲点的指引

4：应该采取的行动

5：处理的最佳方法

6：长期发展相关指导

7：结果

★★★ 灿烂的心 ★★★

求问：爱情的变化

使用时机：

俗话说，居安当思危，此语同样适用于我们的爱情生活。"灿烂的心"就是帮助我们应对爱情生活可能有的变化的理想牌阵。

摆法及牌意：

洗牌切牌完毕后，从上面的第 7 张开始，依序排列。

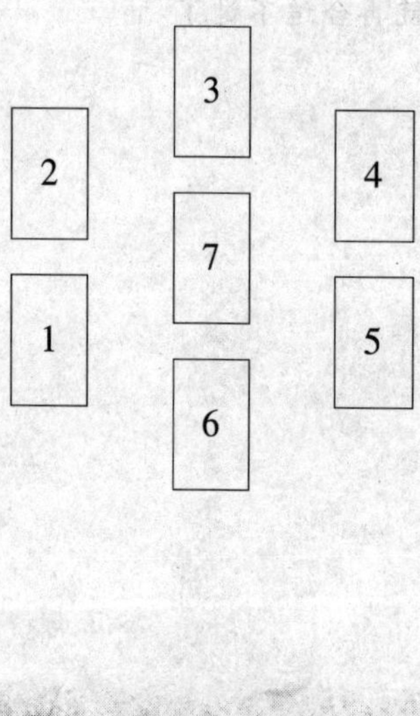

1：你的现况

2：你的周遭环境

3：会造成爱情变化的事

4：会改变的事物

5：你应该知道的事

6：你内心的渴望

7：最后结果

★★★ 爱的真心 ★★★

求问:彼此的真心

使用时机:

所谓“当局者迷”,当你无法确定对方就是你的真爱，或者无法确定对方对你的感情的真实性时，不妨用这个牌阵测一测，这样一旦你们的爱情真的发生什么变故时，也能用一颗坦然的心去面对了。

摆法及牌意:

将两人生命数相加,得到一个数字。以该数字为切牌的次数，完毕后由上而下排 1—13。

例如,甲,1981 年 01 月 20 日出生,乙,1982 年 08 月 24 日出生,1+9+8+1+0+1+2+0=22,2+2=4;1+9+8+2+0+8+2+4=34,3+4=7;4+7=11,1+1=2。就切 2 次牌。

10:你的过去　　6:你的现在
7,11:你的未来　　1,2:你的真心
12:对方过去　　8:对方现在
9,13:对方未来　　3,4:对方真心
5:最后结果

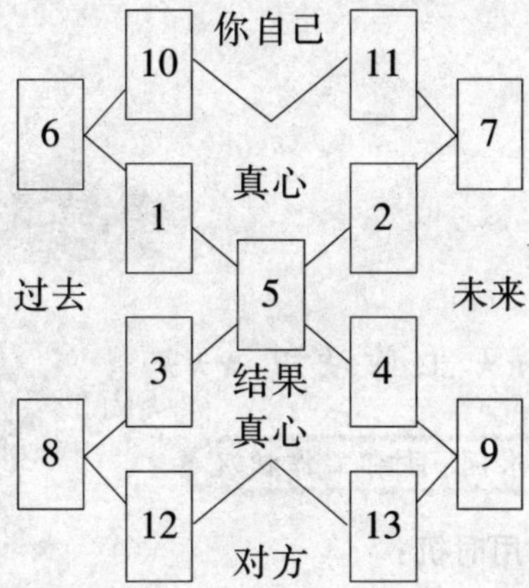

★★★ 婚姻的检测 ★★★

求问:婚姻状况

使用时机:

由恋爱步入婚姻中的你,对婚姻的现状也许有着各种的满意或不满,对未来有着各种的期望或恐惧,而对于你们这段感情的最终结果如何,是会白头到老,还是劳燕分飞,你的内心同样不确定。这种情况下,用婚姻的检测牌阵做一次占卜,就能为你带来一种拨云见日的感觉。

摆法及牌意:

由第一张开始,排 1—7。

1:你自己
2:过去的婚姻状况
3:现在的婚姻状况
4:婚姻问题
5:对婚姻的期望
6:对婚姻的恐惧
7:最后结果

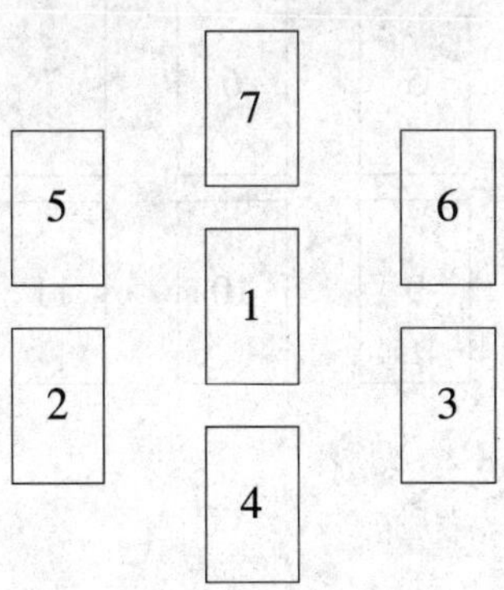

4.工作和事业牌阵

★★★ 工作状况 ★★★

求问:目前工作状况

使用时机:

建议在想对目前工作的整体状况,包括工作成绩、工作能力、人际关系、工作环境、事业上升的空间、工作财运等有个全方位的了解时,使用这个牌阵。

摆法及牌意:

洗牌切牌完毕后,由上数第 7 张开始,依序排列。

1:个人力量　你的工作情况和对同事的影响

2:价值　驱使你做这一工作的价值观

3:互动　你和周遭人、事、物的互动

4:决定基础　你的潜意识对你的工作的影响

5:创造力　你和工作相关的创造力

6:工作环境　你的工作环境

7:同事　你的同事是什么样的人

8:转折点　工作开始及结束时的改变

9:旅行　工作途中会遇到的事

10:完成　你的成功和酬劳所在

11:幸运　如何在工作中碰上幸运的事

12:秘密　你工作的隐私

13:总结　工作大致情况

1	2	3	4
5	6	7	8
9	10	11	12
			13

★★★ 工作与事业运程 ★★★

求问:工作和事业整体运程

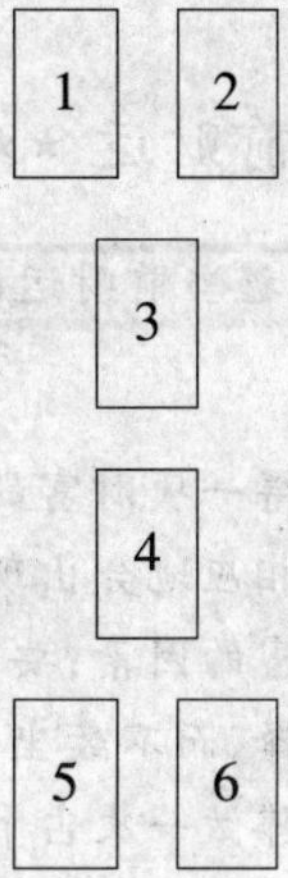

使用时机:

想对工作和事业整体的运势与发展有一个大致的了解时,可以选用此牌阵。

摆法及牌意:

1,2:过去到现在的状况

3,4:现在到未来的状况

5,6:未来的发展、最后的结果

★★★ X 字牌型 ★★★

求问:一件事的胜算

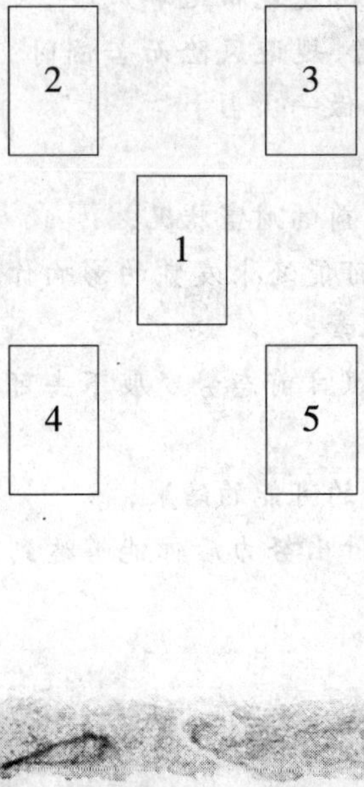

使用时机:

想知道自己在某件具体的事情或任务上能否取得成功时适用本牌阵。

摆法及牌意:

1:自己的心态

2:眼前的时机

3:成功因素

4:影响因素

5:最后的结果

5.金钱和财运牌阵

★★★ 当前财运 ★★★

求问：把握当前财运的办法

使用时机：

当获得一项财富的机会出现在眼前时，也相应地会出现阻碍你最后获取这项财富的因素，要克服困难，做出最佳的选择，而不致坐失良机，不妨事先用此牌阵做一次占卜。

摆法及牌意：

1:过去的状况　　2:现在的状况

3:未来的状况　　4:最佳的选择

5:环境的影响　　6:面临的阻碍

7:最后的结果

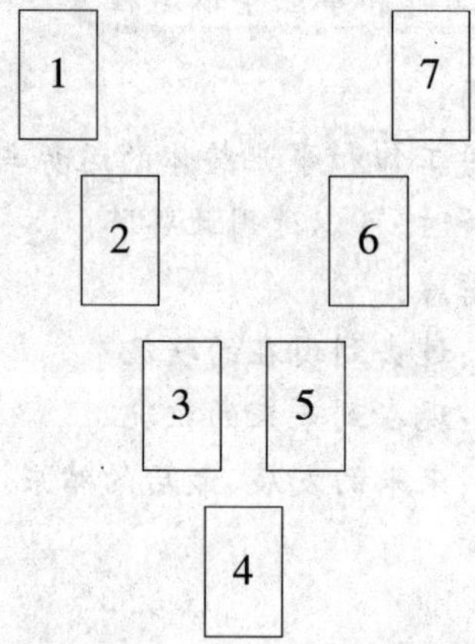

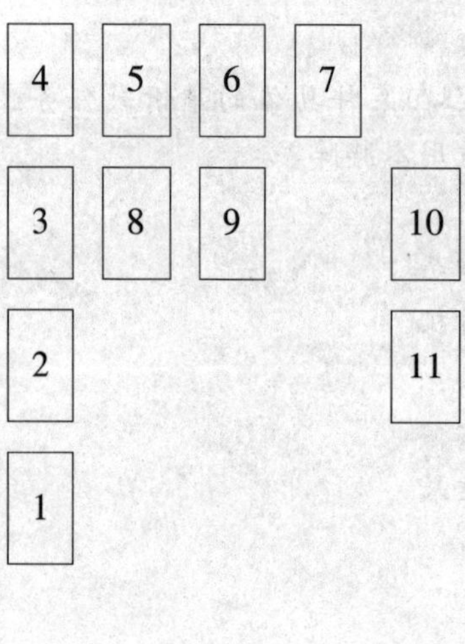

★★★ 未来财运 ★★★

求问：未来财富状况

使用时机：

不管你是贫穷还是富有，都会遇到一些让你取得财富的机遇和丧失财富的风险，当你为如何发现机遇和风险，又如何有效抓住机遇、规避风险而苦恼时，不妨运用这个牌阵做一次占卜。

摆法及牌意：

1,2:你当前的财富状况；

3,4: 你可能还未发觉的影响你财富状况的外界因素；

5,6,7: 照目前态势发展下去可能发生的结果；

8,9:另外的可能的结果；

10,11: 付出努力后你能够达到的另外的结果。

6.心灵探索牌阵

★★★ 自我探索(之一) ★★★

求问:内心各个层面的状况

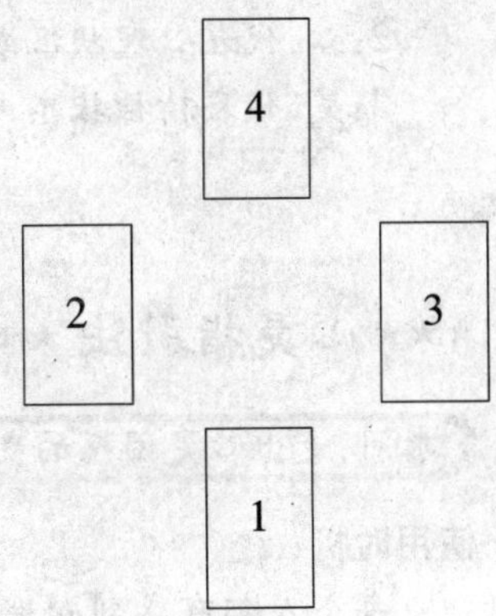

使用时机:

当你想对自己的内心状况有一个全方位的了解时,请选择这个牌阵。

摆法及牌意:

随意抽取4张牌依次放在1—4的位置上。

1:你的个性面

2:你的理性面

3:你的感性面

4:你的精神面

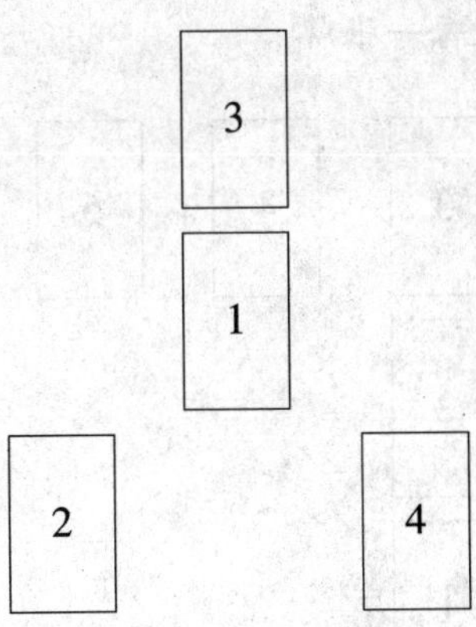

★★★ 自我探索(之二) ★★★

求问:精神层面的详细状况

使用时机:

此牌阵比上面介绍的那个牌阵更具体一些,专指向人的精神世界、精神生活的状况。

摆法及牌意:

1:内心深处

2:精神生活

3:知识领域

4:感情生活

★★★ 身心灵 ★★★

求问:每日运势;身心状况;两人相处的状况

使用时机:

可以作为最日常的占卜,测算每天的运势,也可以用来占卜感情关系或分析某一事件对当事人的影响。

摆法及牌意:

随意抽取三张牌放在1—3的位置。

1:身,代表身体状况或事情对身体状况的影响;

2:心,代表心理状况或事件对心理的影响;

3:灵,代表精神状态或事件对精神的影响。

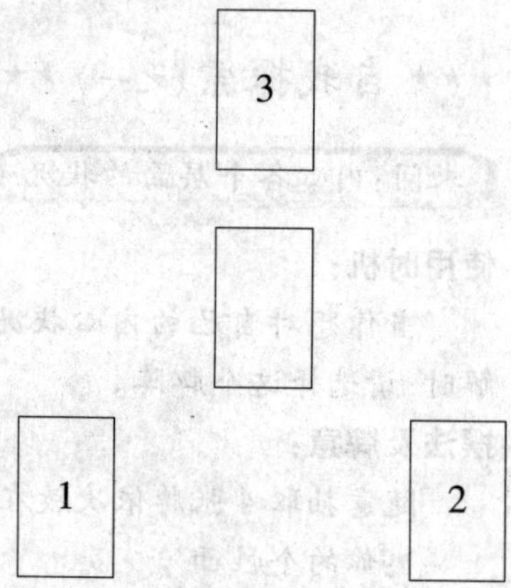

★★★ 心灵指引法 ★★★

求问:走出心灵困惑的良方

使用时机:

每个人都有感到心理迷茫的时候,如何正确疏解烦恼,减轻压力,走出心灵的误区,积极乐观面对生活,合理规划自己的人生,是一项重要的人生课题。心灵指引法就是帮助我们走出心灵困惑的一个良方。

摆法及牌意:

洗牌切牌完毕后,由上数第七张开始,依序放每一张牌。

1:你关心的焦点　目前你最关心的是什么

2:动机　你意识和下意识的渴望

3:潜在问题　影响你下一步的事情

4:心灵路标　了解你以前不知道的事

5:行动　告诉你你必须做的事

6:如何实行　现在怎么做最好

7:心灵指引　对你心灵良知的建议

8:成就　最后结果

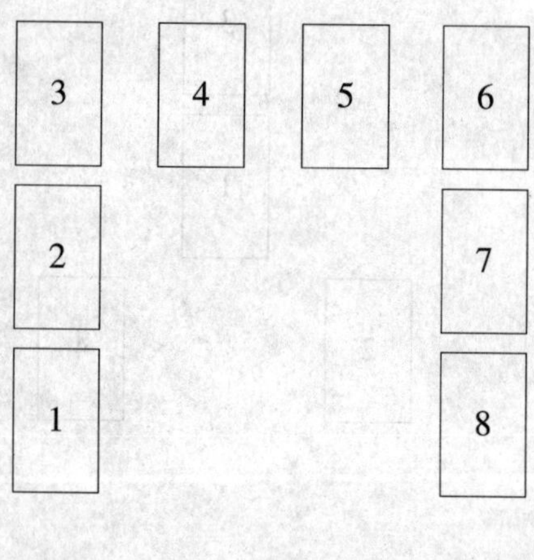

★★★ 精神状态 ★★★

求问:内心的真实状态

使用时机:

想知道自我精神状态的真实情况如何，对待人生的态度是积极还是消极时,使用本牌阵再合适不过了。

摆法及牌意:

随意抽取7张牌,依序放在1—7的位置。

1:现在的自我状态

2:遥远的过去

3:最近的过去

4:左半脑

5:右半脑

6:潜意识的影响

7:社会状况

8:现在的影响

9:不久的未来

10:遥远的未来

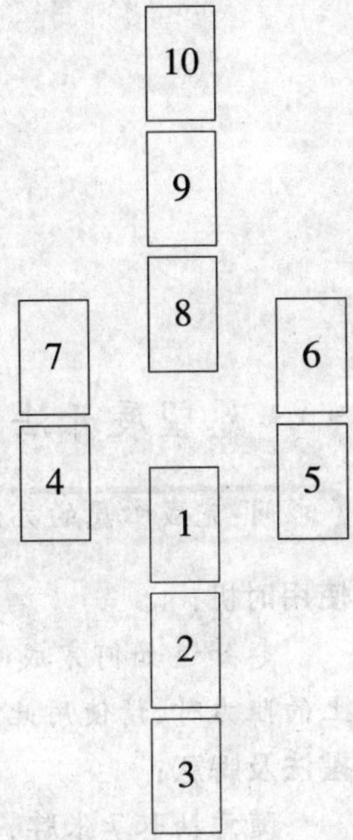

★★★ 统治女神 ★★★

求问:内心潜意识

使用时机:

当对自己内心的想法不确定，或者想挖掘出不自知的内心潜意识时使用。

摆法及牌意:

随意抽9张牌,依序排列。

1:思考

2:直觉

3:情感倾向

4:本能

5:恐惧

6:无法预期的事

7:愿望

8:可以预期的事

9:结论

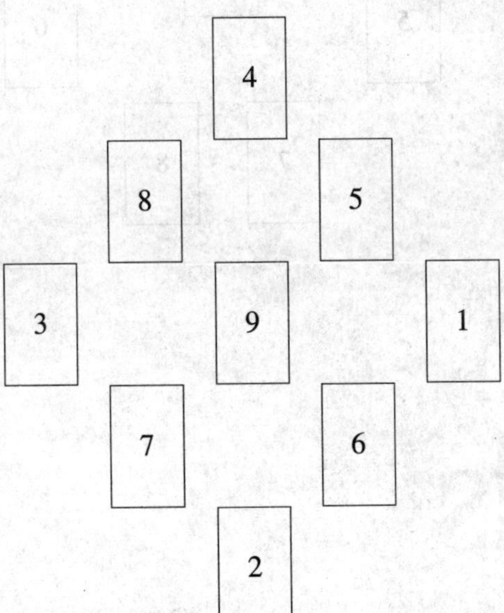

7.达成心愿牌阵

★★★ 愿望展开法 ★★★

求问:完成心愿的办法

使用时机:

想知道如何完成心愿,克服前进道路上的阻力时,请使用此牌阵。

摆法及牌意:

随意抽取 7 张牌,依序排列。

1:你想要什么

2:你现在的处境

3:你应该知道的事

4:你应该做的事

5:不久后会发生的事

6:会改变结果的事

7:偶然会发生的事

8:哪里最容易成功

9:综合、总结

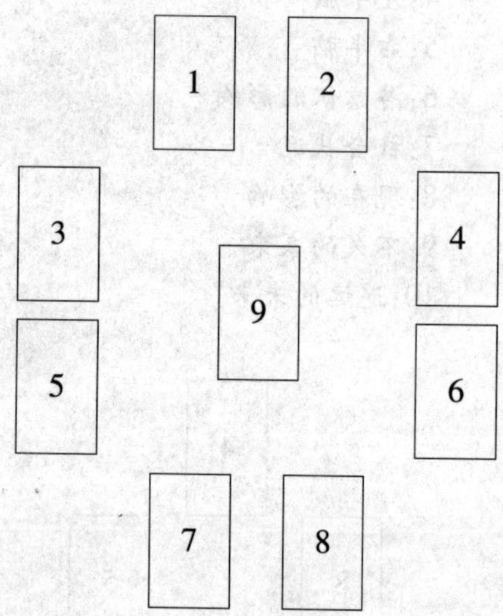

★★★ 幸运之神 ★★★

求问:达成心愿的办法及注意事项

使用时机:

幸运之神占卜法与愿望展开法占卜的问题性质相同,二者的区别在于,前者是从纵向即时间的角度为问卜者提供可资参考的意见和建议,而后者则是从横向即事件的角度来为问卜者提供帮助。

摆法及牌意:

随意抽取10张牌,依序排列。先翻开前7张。

1:原因　　5:希望
2:周围的影响　　6:进展
3:过去的行动　　7:未来
4:现状

如果前7张还不能给你满意的答案,就要翻8,9,10。

8:对策
9:对策
10:神的指示

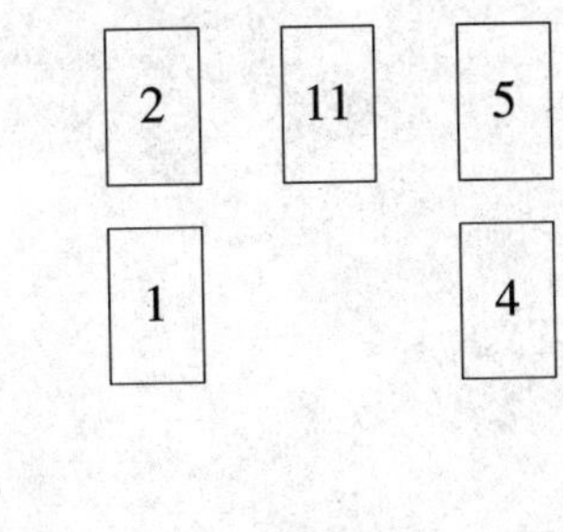

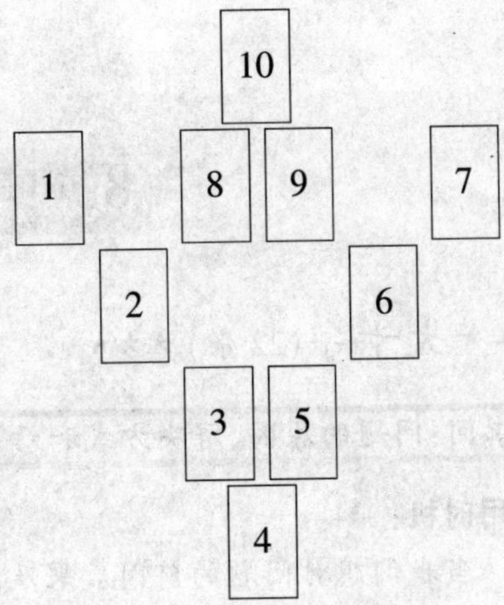

★★★ 法老王之门 ★★★

求问:如何寻求帮助以达成心愿

使用时机:

当你在完成心愿的道路上遭遇了困难,希望得到协助又不知如何获取时,建议使用此牌阵。

摆法及牌意:

1:希望达成的事
2:阻碍
3:潜意识的压抑
4:已达成的事
5:助力
6:如何得到协助
7:想法如何表达
8:受惠者
9:如何执行想法
10:下一步(和9一起解)
11:结论

8.问题、难题牌阵

★★★ 大十字(22 张) ★★★

求问:问题的原因、解决方式和结果

使用时机:

当我们想对问题的前因后果及解决的办法有一个整体性的认识时,可以使用此牌阵。

摆法及牌意:

随意抽取 4 张牌, 排于 1,2,3,4。将 1—4 牌面的数字相加, 得出的数字如果小于等于 22, 则从剩余的牌中找出对应数字的牌, 放于 5。如果大于 22,则将这个数字的个位和十位相加,得到一个新数字,然后从剩余的牌中找出对应该数字的牌,放于 5。如果加出来的数字刚好是 1—4 其中一张,则不需要第五张。

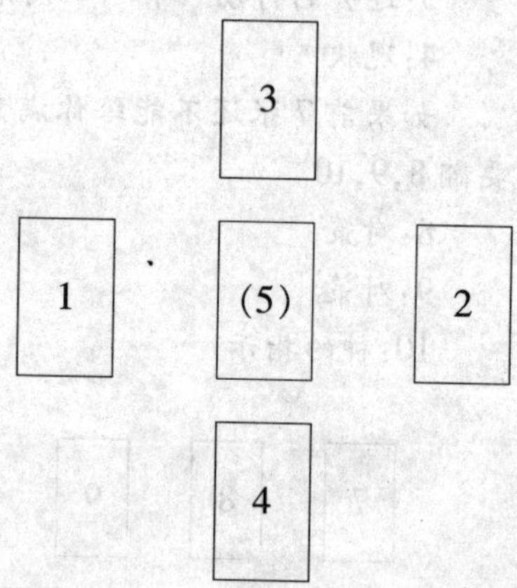

1,2:影响事情的外在情况

3:问题的原因

4:问题的主要解决方式

5:问题的结果

如果没有第五张牌, 则最后结果是相加数字相同的那张牌,而且正反相同。

★★★ 酒杯牌型 ★★★

求问:问题的关键性原因及可能的结果

使用时机:

当我们想更清晰地了解问题的原因时,可以选用此牌阵。

摆法及牌意:

洗牌切牌完毕后，从上数第7张放在1，之后第4、5张放在2,3，之后第4、5、6张,放在4、5、6,之后第4张放在7。

1:现况

2,3:问题的关键

4:过去

5:现在

6:未来

7:最后结果

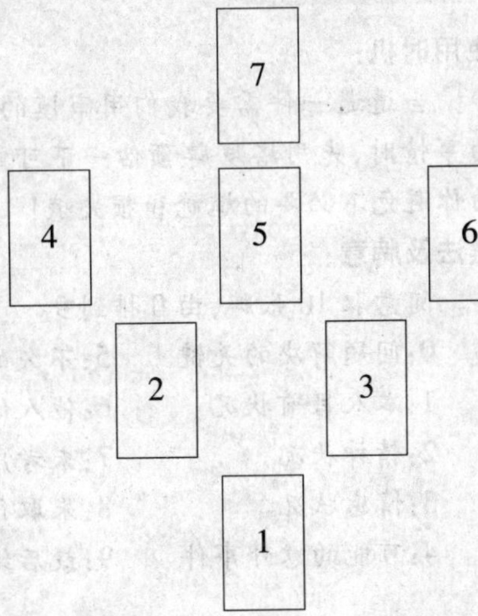

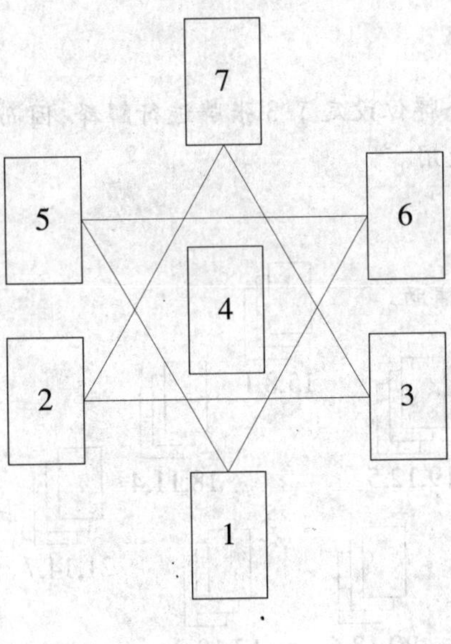

★★★ 星形牌型 ★★★

求问:事情的影响、发展和最后结果

使用时机:

欲对问题的现状及其影响和结果有一个更清晰的了解时,可以使用星形牌阵,此牌阵是对问题六芒星牌阵的变形，与之相比较,星形牌阵更关注问题的客观方面。

摆法及牌意:

1:现在的情况　　5:个人的期望

2:对工作的影响　　6:面对的问题

3:对情绪的影响　　7:最后的结果

4:事情的发展

★★★ 镜像展开法 ★★★

求问:行动后果

使用时机:

当遭遇一件需要我们用审慎的态度去对待和处理的事情时,先用塔罗牌预估一下可能的行动后果,会帮助你避免不必要的尴尬和损失哦!

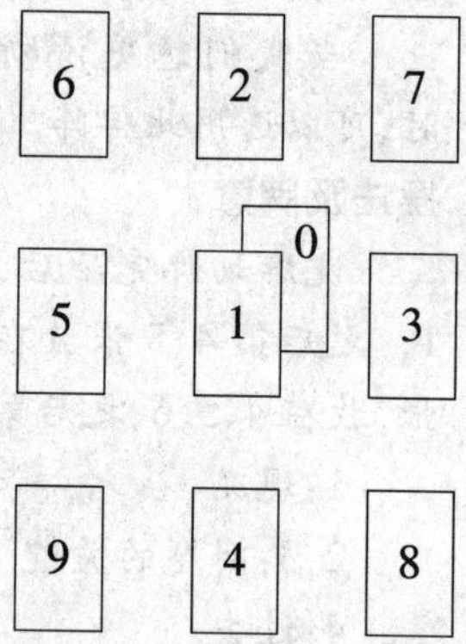

摆法及牌意:

随意取 10 张牌,由 0 排到 9。

0:问题解决的关键
1:本人目前状况
2:精神状况
3:情感状况
4:可能的意外事件
5:不久的未来状况
6:他人的想法举动
7:未考虑到的层面
8:采取行动的结果
9:最后结局

★★★ 七芒星(78 张) ★★★

求问:解决问题的多种办法

使用时机:

七芒星牌阵不限制问题的性质,并且给每个牌位设定了 3 张牌进行解释,因而适合于想获得对于问题的多重、具体的回答时使用。

摆法及牌意:

从最上面一张依 1—21 的顺序排好。

解释牌时,偏重王牌的解释,小奥秘库只是辅助。

1,8,15:障碍
2,9,16:现状
3,10,17:最后结果
4,11,18:突发事件
5,12,19:愿望
6,13,20:心理状态
7,14,21:不久的将来

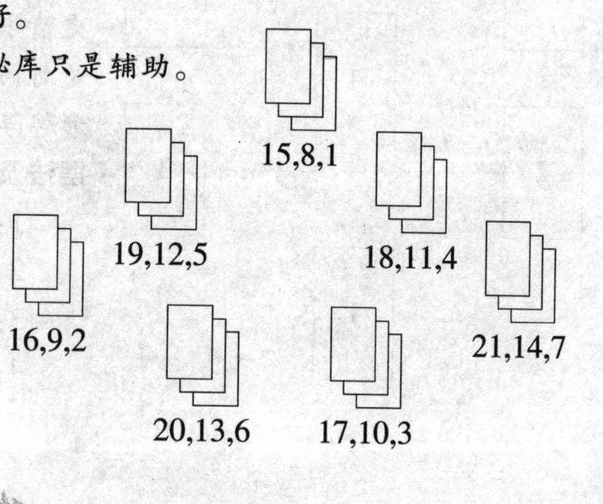

★★★ 疑难问题 ★★★

求问:近期疑难问题

使用时机:

理论上讲,此牌阵适用非常广泛,既没有时间的限制,也没有问题种类的限制。只要是我们遇到不知如何是好的情况,都可以选择它。但在实际占卜中,最好还是用来解释近期遇到的难题效果较佳。

摆法及牌意:

随意抽取三张牌依 1—3 的顺序摆放。

1:现状

2:困难

3:方案

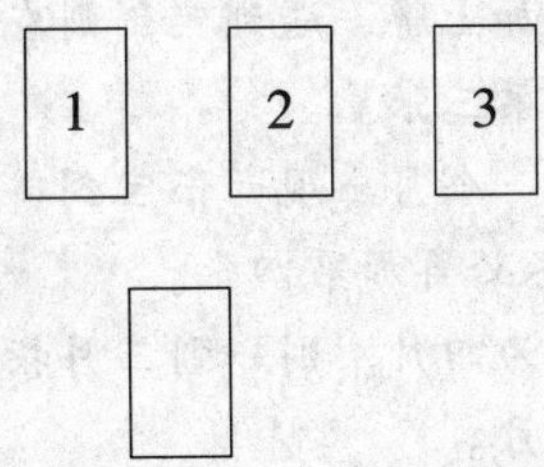

★★★ 问题的解决 ★★★

求问:一段时间内积累下的问题

使用时机:

希望知道问题的关键所在时使用。与上面的牌阵略有区别的是,此牌阵更适合用来问卜那些已经存在了一段时间的问题。

摆法及牌意:

随意抽取三张牌放在 1—3 的位置。

1:原因

2:现状

3:方案

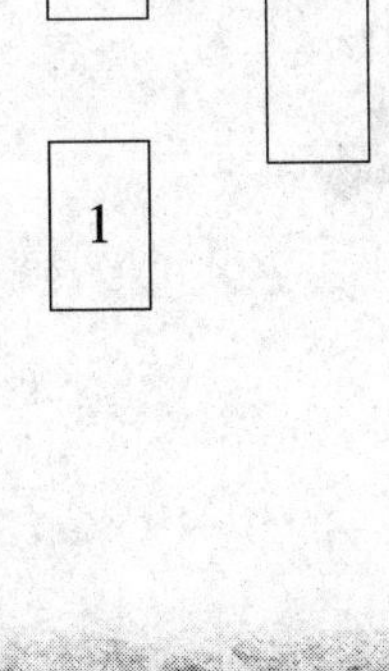

★★★ 处理麻烦(56张) ★★★

求问:可能出现的问题和麻烦

使用时机:

此牌阵适合预测未来一年内可能出现的麻烦。所谓未雨绸缪,在问题和麻烦来临之前,预先知晓就能做好应对的准备。

摆法及牌意:

依序加上牌,遇到宝剑则在两张牌右边加第三张。

如果一个月出现两张宝剑,只加第三张,不必再加第四张。

现在为四月,则一到三月指明年的一到三月。

出现两张宝剑后又出现宝剑,则为重大麻烦。

第三张牌如果是宝剑,要注意自身安全及健康;如果是圣杯,要注意感情生活;如果是五角星,要注意金钱问题;如果是权杖,要注意人际关系。

请依各牌的意义解释。

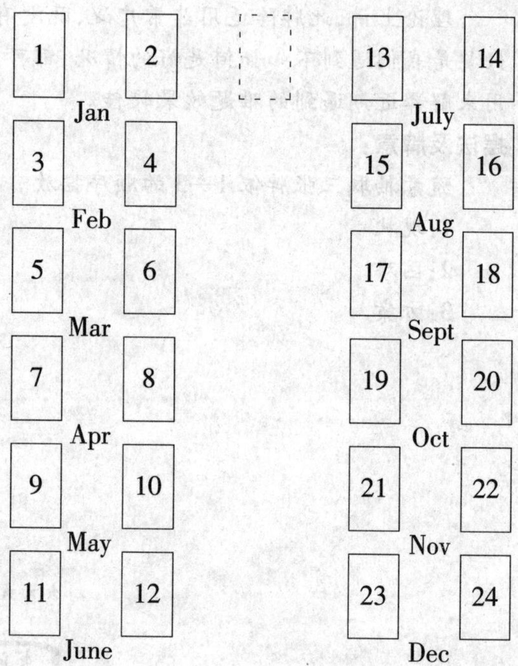

9.其他

★★★ 三选一 ★★★

求问:如何做出最佳选择

使用时机:

三选一牌阵是在我们面对三种选择时,帮助我们进行分析,从而推出相对最佳选择的一种牌阵。与二选一牌阵相比,三选一牌阵要分析的情况更为复杂,所需的牌要更多一些,每张牌之间相互的影响也更为错综,因而操作起来有了相当的难度。

摆法及牌意:

随意抽取 7 张牌放在 1—7 的位置。

1:现状

2:第一种选择的情况

5:第一种选择导致的结果

3:第二种选择的情况

6:第二种选择会导致的结果

4:第三种选择的情况

7:第三种选择会导致的结果

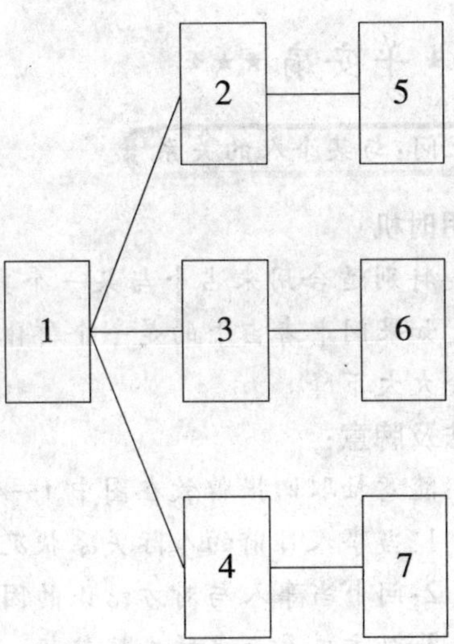

★★★ 友谊的牌型 ★★★

求问:友谊

使用时机:

欲了解与某人的友谊关系的性质和现状,及双方对这段友谊有什么样的期望时,建议使用此牌阵。

摆法及牌意:

随意抽取6张牌依序排列。

1:你对对方的看法

2:对方对你的看法

3:你认为的双方关系

4:对方认为的双方关系

5:你期望的双方关系

6:对方期望的双方关系

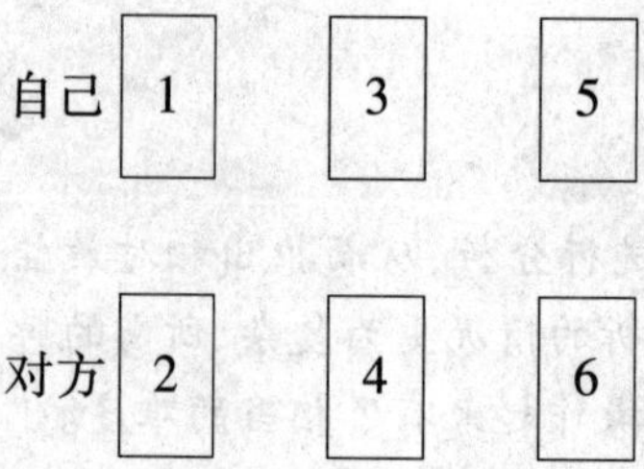

★★★ 平安扇 ★★★

求问:与某个人的关系

使用时机:

特别适合用来占卜与某一个具体的人的关系。如果问卜者占卜的是一个群体,占卜的效果将会大大下降。

摆法及牌意:

随意抽取四张牌放在图中1—4的位置。

1:当事人目前的人际关系状况

2:问卜当事人与对方结识的因缘

3:双方关系未来的发展趋势

4:对双方关系的结论

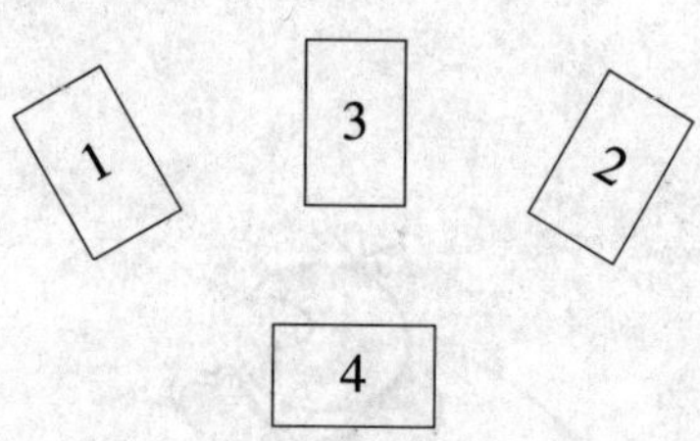

★★★ 狮身人面像(56 张) ★★★

求问:未来可能发生的事

使用时机:

这一牌阵是专用小阿进行占卜的最高级牌阵,除了可用来问卜爱情、考试等特定事项之外,关于未来可能发生的事及应注意的事项等,都能给予相当准确的回答和建议,因而被誉为全能的占卜法。

摆法及牌意:

依序由 1—22 排列。2,4,6,8 不要翻开。

1,3,5,7:现状

9,10:麻烦

11,12:援助

13,14:禁忌

15,16,17,18:你的义务

19,20,21,22:未来

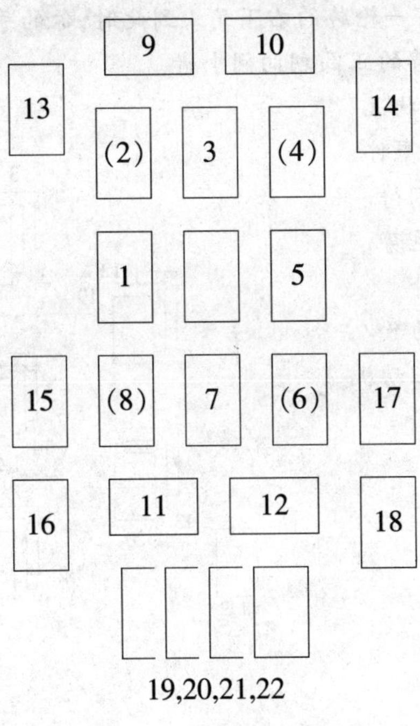

★★★ 所罗门之星展开法(22张) ★★★

求问:一般问题

使用时机:

所罗门之星展开法是一种相当复杂的牌阵,它使用22张王牌,并且要用尽这22张牌,因而解读繁琐、耗时。但这一牌阵最大的好处是,几乎可以用来回答任何性质的问题,比如爱情、事业、财运、健康等等,并且能够给予相当详细的解答。因而当问卜的问题性质不特定,并且希望获得尽可能详细的答案时,建议使用此牌阵。

摆法及牌意:

洗牌切牌完毕后,将朝下的整叠牌翻转朝上,一张一张找,直到找到世界那张牌。将检查过的不是世界的牌重新朝下摆放在右手边,然后将世界也面朝下放在这叠牌的上面。将紧跟世界后的7张牌依序放在图中1—7的位置上。当手里的这些未被检查的牌张数不够7张时,就将检查过的那叠牌朝上,从第一张开始拿,直到补足7张。完毕后,排第8—14张牌,分别放在已排好的7张牌的右下角。再排第15—21张牌,分别放在前一轮牌的右下角。到此时,你的手里应该只剩下一张世界了,请把它放在左下角,牌的正面朝向问卜者。

1,8,15:目前的实际状况
2,9,16:即将发生的事件
3,10,17:对问题的期待
4,11,18:该问题的运势
5,12,19:可能的意外
6,13,20:没注意到的敌人
7,14,21:内心的真正动机

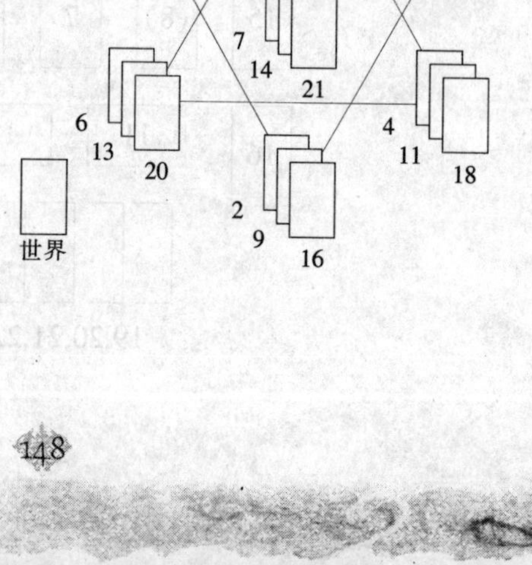

★★★ 女王的星座(56张) ★★★

求问:自己和对手的实力差距

使用时机:

所谓“知己知彼,百战不殆”。要战胜对手,首先要了解自己,了解对手,了解自己与对手的实力差距,这样就能随机调整作战方略,赢得一场竞争的胜利。女王的星座牌阵就是专门为你测量你与竞争对手差距而设计的牌阵,相当精确。

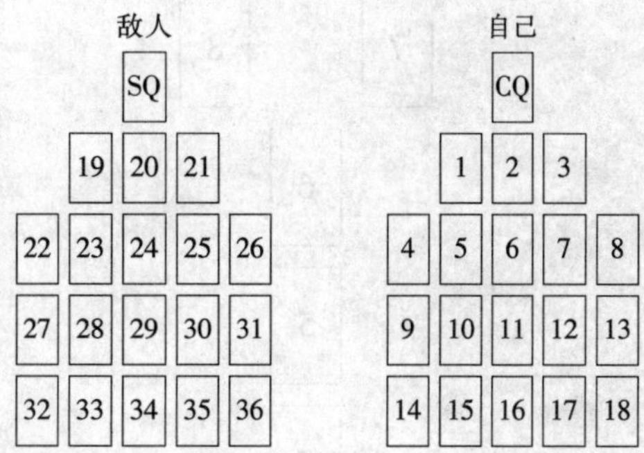

摆法及牌意:

SQ:宝剑女王,代表敌人。

CQ:圣杯女王,代表自己。

把自己这方相同点数的牌朝下,对方的也是相同点数的牌朝下。

最后统计两者朝上的牌差几张。

朝上的数目多,代表占优势的一方。

出现女王的一方,代表有强力伙伴出现,如果相差不大,会发生大逆转。

差一两张代表实力接近,随时有逆转的可能。

差三到五张代表实力有差距,难以拉近距离。

差六张以上,胜负已定。

★★★ 卡尔米克展开法 ★★★

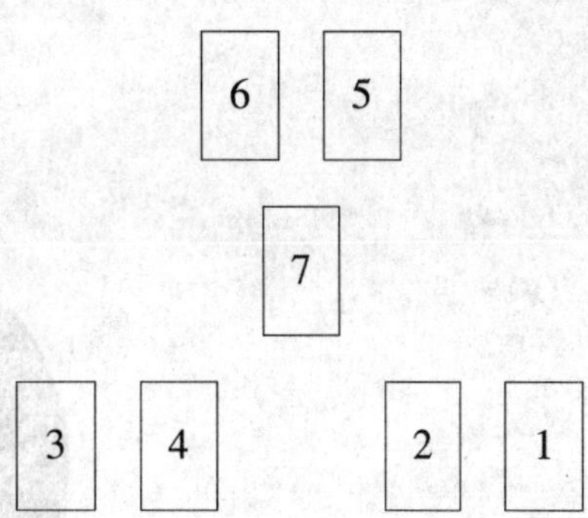

求问:人生的目的和命运

使用时机:

当你对你的人生目的和命运感到困惑和迷茫时,不妨用卡尔米克展开法做个自测。

摆法及牌意:

从第七张开始,依序排列。

1:宿命

2:自我

3:第一级影响,影响你一辈子的重大事件

4:第二级影响,这辈子的第二种影响

5:你来这世界的目的

6:你可以在这辈子完成什么

7:这辈子可以学到什么

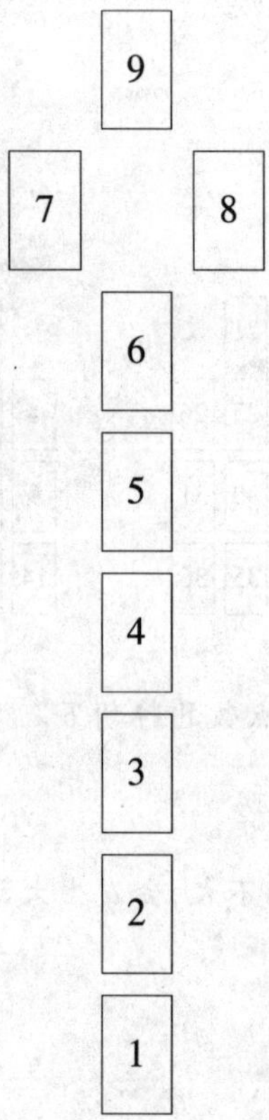

★★★ 前世今生 ★★★

求问:前世如何,今生又当怎样

使用时机:

想了解自己的前世如何，从前世能够吸取哪些经验教训以供今生之用时，可以使用这个牌阵来做一次占卜。

摆法及牌意:

1:前世是谁

2:前世学到的事

3:前世曾失败的事

4:今生是谁

5:今生简单的事

6:今生困难的事

7:经常出现的问题

8:解决问题的方法

9:今生的学习目标

第六章 塔罗进阶

① 选择适合自己的塔罗牌

当你对塔罗产生了兴趣,想要开始和它发生第一次的接触,当然,首先你需要一副牌,但如何选一副适合自己的塔罗牌呢?

1.拿起来要顺手

你的手要对这副牌有感觉,那种感觉,在当你把它拿在手上时,就像是正反两极的磁石般,你的手和它之间,彼此相互吸引着,深深地契合着。当你轻抚它的时候,就像你在爱抚情人的肌肤一般地,内心中有一种酥酥麻麻的感觉。而当你洗牌的时候,就像你在按摩情人的背一般,你能感受到它在回应你的抚触。就是这样一副你能一手掌握它的牌,才是你的牌。

2.看起来要顺眼

它的画面色彩最好能和你的个人色彩是同一色系。在塔罗牌的世界里,颜色所传递的讯息是相当重要的。但若是一副牌的色彩太过鲜艳,让你觉得十分刺眼,或是太过暗淡,让你无法接收到讯息,那么,即使它是有传承有历史的名牌,对你而言,仍不能说是一副好牌。然而,若它和你本身的色彩属同一色系,你会自然而然接受它所传递给你的讯息。不知道自己的色彩?没关系,它的色彩若能给你舒服的感觉,那就是了!

3.解读时要顺心

它所展现的图案必须能让你的心情平静,因为占卜的时候,你的心一定要平静,才能正确地接收到它所传递的讯息。有些塔罗牌的图案或很诡异,或很超自然,会给我们很强烈的感觉,让我们有头晕、心悸的反应。很多人误以为,这样的牌才能做出准确的占卜。但事实上,你会因心绪的紊乱,而无法正确地判读牌义。

如果你能够有机会去触摸、去感受、去细看各式各样的牌,那你是比较幸运的,也比较能选到适合自己的牌。但我们大多数人并没有这样的运气。坊间所出售的塔罗牌,大多数都是密封起来的,我们没有机会去深刻体会一副牌所给予你的特质。那么,在你找到你生命中注定的那一副牌前,只好先选一副顺眼的牌,然后开始培养它了。

② 启用新牌

你跑遍了你所能想到的所有书店,查看了你所能找到的相关网站,你把每一副展现在你面前的塔罗牌细细地做了比较,终于选出一副你觉得比较顺眼的牌。也许你付了钱就可以把它带回家,也许你望穿秋水痴痴地等它被送来。当你手中踏实地握着它、真实地感受到它的存在时,你一定迫不及待想要立刻来试试它的能耐。

但是,别急,如果你能够耐住你的急性子,先进行一些开牌的仪式,你和你的牌之间会有更好的默契,而且将来的占卜也会更加准确。所以,这样的付出绝对是值得的。

当你将牌的外包装拆除以后,必须用很专注的心情,将每一张牌看过一遍。之后,若你买的牌是 78 张,得先把 22 张大阿卡纳牌找出来,剩下的 56 张小阿卡纳牌先收起来。然后,你必须找一张大一点的桌子,或是整理干净的床面,最好不要在地上,将这 22 张牌按顺序,呈两列展开。

若你是惯用右手的人,请使用你的左手;若你是左撇子,则请用你的右手。你要在每一张牌上轻轻“按”过,逐一抚摸。整个过程需要安静的环境,以及平静的心情。最好的时间,是在晚上八点到十点之间。

做完这份功课之后,你再将所有的牌按顺序收成一叠,图面向下,开始洗牌。

此时,是决定你今后占卜时洗牌方向的关键。若你采用顺时针方向洗牌,那么你今后在占卜时,都必须采用这个方向来洗,反之亦然。

在洗牌的过程中,你要慢慢去体会牌在你手中转动的感觉,并祈求它今后的帮助。

当你觉得足够了,可以将牌渐渐地拢成一叠,轻轻地把牌推成一列,凭你的直觉,抽出一张牌。

这是十分重要的牌!它代表了你所拥有的牌"灵",而这,将直接影响到这副牌的特质,也可以看出,这副牌专长于哪方面问题的占卜。

到此,整个的开牌仪式基本告一段落。接下来,就是如何增加你和它之间的契合度了。

至于你使用新牌的初次占卜,也称为处女占卜,虽然内容不拘,还是应该以询问自身和牌的问题为主。例如,你可以问牌,觉得和自己能不能合得来,或者彼此对于塔罗精神的看法是否一致等等。

总之,以善意的态度来使用塔罗,尊重它,爱护它,它就会给你最大的帮助。

3 牌的灵魂

经过选牌、开牌的程序之后,你一定已经挑出了一张牌,代表着"牌的灵魂"。接下来,就看看你挑的牌是代表什么样的灵吧!

1.魔术师

如果你抽出了"魔术师",表示你的牌很有能力和创意,因而对自己很有自信。若这些特质正是你所缺乏的,那么你可以天天洗牌,或天天把它带在身边,它的气质对你会有正面的影响。晚上睡觉的时候,记得要把它放在枕头下面,梦境中的交流能加强你和它的默契。

它在一般牌阵的"指示牌"中,和解决问题的牌阵当中,都能发挥很大的作用。它会给你充满创意的建议,去化解困难,开创新局。

也许有时候,它的指示会令你觉得不可思议,但不要怀疑它,那正是它的意思,也是你该做的事,或是你该告诉他人的事。

2.女教皇

如果你抽出了"女教皇",表示你的牌十分地纤细敏锐,它能够洞察你内心最细微的变化,因而很容易和你建立起良好的默契。

若你是一位女性，你可以将它当成你的护身符。你无需把整副牌带在身边，只要带着“女教皇”这张牌就可以了，它可以保护你远离伤害，安抚你的情绪，还能够维护你的生理平衡，让你在工作和学习上较为顺利。

你可以用它占卜任何问题，但如果占卜有关女性的问题，它会更加准确。此外，它能够洞悉被占卜者的心思和现在的情况，因此在切牌之后，最下面的那张牌，是代表被占卜者在这件事情上的心境，千万别忽略了。

3.女皇

如果你抽出了“女皇”，表示你的牌具有一股温暖包容的母性，它对你会像自己的孩子一般关爱，对于你求助的问题，它一定会详细地说明答案。

你若能天天洗牌，不但能让你的心绪比较安定，同时也能让它的心情比较开朗。睡觉的时候若是将其放在枕头下面，也能保护你的精神在睡眠中不受恶梦的侵害。

它擅长于财运、人际关系和女性问题的占卜，因此，平时将“女皇”这张牌带在身边，纵使不能招来大笔的财富，也能保护你不会破财。同时，它能改变你的人际关系，吸引贵人来帮你，隔离会伤害你的小人。若是女性在怀孕期间，带着它也有安胎的功用喔！

4.皇帝

如果你抽出了“皇帝”，表示你的牌就像一位刚强而稳健的父亲，给予你安全的感觉。你不需要特意用洗牌或其他方式跟它交流，当你需要它的时候，它一定能够让你了解，它所要传递给你的讯息。

你可以将“皇帝”这张牌，当做是你的护身符。它能够保护你的身体不受外来的伤害。若你是一位男性，它能够助长你在事业和学业上的运势，也能维护你的生理机能。

一般的问题它都能解答，然而它在事业成就、工作、财运、学业考试及政治权力等问题的占卜上，准确度更高。此外，若是问题占卜的对象为男性，它也十分擅长。

5.教皇

如果你抽出了“教皇”，表示你的牌对于人世的奥妙、宇宙的真理，有着深刻的领悟。然而，就像一位莫测高深的大师一般，你必须秉持一股热忱，利用每天的洗牌和它交流，并且每天利用一些问题来做练习，让它感受到你的用心，它才会在占卜时帮助你。

若它觉得你是一个懒学生，它也会懒得理你。若是你觉得最近有些心烦意乱，心情不稳定，可以将它带在身边，它可以安定你的心神。

大致上，世间一切类型的问题都难不倒它，特别在解决问题的牌阵中，更能看出它的功力。此外，问一段时间之内的运势时，每一张牌都有着“指示”的意味。

6.恋人

如果你抽出了“恋人”,代表你是这副牌精神上永远的眷恋!它愿将所有的能量奉献给你,而不求任何回报。它永远不会背弃你,就算是你已有好一段时间没和它接触,当你需要的时候,它依然会竭尽全力来帮助你。

然而,你最好不要因为它对你的爱恋,而轻易忽略了它。记得要时时将它带在身边,不论是在白日的案桌,还是夜晚的枕畔,让它时时刻刻感受你的气息。如此一来,你们的默契和联系将会超乎想像地强烈浓密,而你占卜的准确度,也将大幅地提高。

它擅长于爱情、友情、亲情及有关各种人际关系的占卜, 但有一个问题是,你帮别人占卜会十分准确,而占卜自己的问题时,却会时常看不清楚。那是因为,牌认为你还无法接受真实的结果,它在保护你。

7.战车

如果你抽出了“战车”,代表你的牌充满了阳刚的能量。它的光辉如同正午的太阳,炽热而耀眼,充满了企图心和行动力,对任何挑战都跃跃欲试。它的能量并不像一个愚蠢而冲动的毛头小子,放肆地烧伤他人又伤到自己。它能掌控自己的能力,将其发挥到无限。

若是你觉得自己最近总是懒洋洋的,缺乏行动的力量,你可以将它带在身边,感染它的能量。你最好在晴朗有阳光的假日里,以精神饱满的愉悦心情来洗牌,不但能补充它的能源,也能增强你的能量。

它擅长于事理的分析判断。在任何牌阵中,要特别注意指示牌和对策牌给你的讯息。

8.力量

如果你抽出了“力量”牌,代表你的牌充满了阴性的能量。它的精神有如一望无垠的海洋,深邃而广阔。它包容了所有负面的情绪,用爱来治疗,使其转变成正面的能量。若是你的感情受到伤害,或是你莫名地觉得悲哀,你可以用它来抚慰你的心灵。将手轻轻地放在它上面,释放你的思想,用心灵来体会,慢慢地感受它那如同清晨朝阳般的温暖。

你可以用它来占卜任何问题。比较特别的是,在一般情况下,当我们在占卜时, 由占卜师或提问者洗牌都可以。但若你的“牌灵”是“力量”的话,最好都由提问者来洗。因为在洗牌的过程中,它对提问者有安定心神的作用。

9.隐士

如果你抽出了“隐士”,代表你的牌拥有一个能量强大的精神体。它如同宇宙天体般运作,因此深知天地间所有的道理。

你无法借由特别的方法,如洗牌等方式来加强你们之间的默契和联系。你只能修养自己的性灵,加强自己的感受力,来了解它所传递给你的讯息。正因它深知世间的奥秘,因而可以看清任何问题的来龙去脉,和每一个涉及事件者的心思。

你需要特别注意的是,占卜任何问题时,不论哪一个牌阵中的哪一个位子,一旦出现代表牌"隐士",它都表示,提问者需要经过一番对内心真正感受的探索后,才能把问题彻底解决,获得真正的满足。

10.命运之轮

如果你抽出了"命运之轮",代表你的牌隐含着世间万事万物变化的奥秘,它深知一切变化为常态,惟有平心静气顺着变化走下去,才能看到生命的意义。

因此,任何牌阵和任何问题中,若是出现了代表牌"命运之轮",你一定要特别留意这个讯息。它代表了重要的转变,也许是渐渐转好,也许是逐渐转坏,但提问者最好顺其自然,如此才能认清自已的生命。

它同样具有护身符的作用:若是你觉得最近运气很差,事事都不顺心,可以将这张牌带在身边,为自己改变运势。但千万要记住,你得让它保持"正位",否则你的运气就愈来愈糟了!

11.正义

如果你抽出了"正义",代表你的牌充满了浩然正气,也具有强烈的能量。它会选择占卜师,因此,若你是它所选上的占卜者,那一定是值得你荣幸的。只有正直明朗的人,才会被它选中。而你也一定要有信心,只要它选上了你,就一定会把正确的讯息传递给你。你只要把心里感受到的,原原本本说出来就可以了。

它也是一种护身的工具,你可以用它来防止小人的陷害,以及一些不公平的对待。你可以用它来占卜任何问题,但是你在占卜时需要注意,求问方法一定要非常明确,它传递给你的讯息才会准确清楚。

12.吊人

如果你抽出了"吊人",代表你的牌是一个奉献者,因而很自然地,它会将其所有的能量,毫无保留地贡献给你。

你和它的沟通,最好选在宁静的夜晚。当你一个人独处的时候,放一曲轻柔空灵的音乐,点一盏柔和温馨的油灯,然后慢慢地开始洗牌,让它在你的手指之间缓缓地转动。这会加强你和它的能量,也能平静你的心绪。

当你需要一个安静的空间,来思考一些事情的时候,如果你的情绪太过浮躁,或是环境太过嘈杂,你可以将这张牌放在身边。它可以安抚你的情绪,并在你的身边形成一种保护,让你的心绪不易受到外界环境的干扰。

13.死神

如果你抽出了"死神",代表你的牌传递的讯息都将十分明确、黑白分明,很少会给你模棱两可的感觉。即使你本身的功力不够深厚，也能掌握百分之八十的准确度。

对于代表牌为“死神”的占卜者，不同于其他，反而不要常常和牌做接触，除非你真的有问题必须占卜，否则不要随便洗牌。对这样的占卜者而言，需要做的功课是开发自己的直觉体会，放弃用脑子来思考牌意，否则你会一直陷在迷宫里，转不出来。

若你的代表牌为“死神”，那么它可以救你一命，但是只有一次。在它救了你之后，这副牌就不能再用了，最好是将其烧掉，不要随便扔掉。

14.节制

如果你抽出了“节制”，代表你的牌会随着你的能量增强而增强，但也会随着你的能量削减而削减。因而，代表牌为“节制”的占卜者，需要每天练习，并且要把占卜的结果记录下来，最好还能做追踪，以便逐渐体会牌所传达的正确讯息。

若是你觉得最近身体不太好，可能是由于生活不正常，或者饮食不平衡所引起的，你便可以将代表牌“节制”带在身边，调整你的气，进而改进肉体的健康。若是你觉得最近心烦意乱，或在人际关系上发生争执、摩擦，你也可以利用它来帮助你。要记住的是，你和牌之间的能量呼应，必须靠你自己的努力。

15.恶魔

如果你抽出了“恶魔”，那就请你仔细阅读以下内容。“恶魔”这张牌本身的意思为“诅咒、诱惑”，但当他成为一副牌的代表牌时，这张牌反而具有“破解诅咒、抗拒诱惑”的力量。

我们一般不易感受到诅咒，但是每天都要努力抗拒许多诱惑。因此，若是你的代表牌是“恶魔”，可以将其当做护身符，帮助你坚定信念，抵抗外来的诱惑。

在占卜上，他可以算各种问题，对于人际关系、利害关系等问题特别擅长，而且十分准确。他所传递给你的讯息，是明确而犀利的，有些人可能不容易接受。因而，当你为他人占卜时，要特别注意措辞。

16.塔

如果你抽出了“塔”，也请仔细阅读以下内容。“塔”这张牌的一般意义为“毁灭、破裂”。当它成为一副牌的代表牌时，其功效就像剑的两面。你可以用反面的它来许愿，以求一段关系得以维持，不致于完全破裂；你也可以用正面的它来许愿，以求一段不好的关系结束。

但你要特别注意，你的愿望不能有丝毫恶意，否则不但无效，还会反弹到你自己的身上，给自己带来霉运。它和以“恶魔”为代表牌的塔罗牌类似，皆擅长于人际关系的问题。

特别要注意的是，当“塔”这张牌出现在任何牌阵中的“结果”位置时，这段关系或事情就绝无希望，“放下”才是惟一的方法。

17.星星

如果你抽出了“星星”,那可是一件很棒的事,“对着星星许愿” 这句话,大家都耳熟能详,而“星星”这张牌也是许愿牌。若你的代表牌为“星星”,那么它的能量就更强了。

虽然它不会把你期望的直接送到眼前,但至少会保佑你,往这个方向的路较为平顺, 也常有贵人来帮助你,使你早日达成目标。它在“五角星”、“六芒星”等牌阵上,能量会有很大的发挥,你可以多加运用。

若是在任何牌阵中的“结果”位置上,出现了“星星”这张牌,那么不管现在的情况有多不好,未来你的愿望一定会实现。而若是在“指示牌”上出现,则表示你的心态会左右事情的发展,你一定不可以放弃希望。

18.月亮

如果你抽出了“月亮”,这副以“月亮” 为代表牌的塔罗牌会十分敏锐,能感受到问题相关人物的内心,包括其中最细微的波动。因而,用它来做感情上的问题占卜,是最合适的,不论爱情、友情还是亲情上的疑惑, 甚至在工作中,对方的心态或意图,它都可以告诉你。

一般来说,“月亮”所表达的意思是不安,因为现实和幻想混淆不清,最终产生了恐惧。而“月亮”代表牌,却有着印第安人所说的“宁神”功能。若你因噩梦而造成心神不宁,建议睡觉时可以把它放在枕头下面,保护你的精神不受噩梦的伤害。

19.太阳

如果你抽出了“太阳”,代表你的牌具有光明而活泼的能量,与太阳的能源相呼应。对一般的塔罗牌而言,是天愈黑占得愈准。但如果你的代表牌是“太阳”,情况就不一样了,它在白天的表现反而会比较好。

在占卜问题时,它对工作和健康方面的问题最擅长。在一般情况下,任何牌阵中的结果中,若是出现了“太阳”这张牌,都表示在一段艰辛之后,一切都会拨云见日的。若是你最近工作不顺、身体欠佳,你可以将其带在身边,以求不好的状况早日结束。

20.审判

如果你抽出了“审判”,就一般而言,这张牌有“重生”的意味。若是你祈求某件事情或某段关系能有再一次的机会,你可以将代表牌“审判”拿出来,当做护身符,祈求它为你带来新的机会。

在占卜上,它并没有特别擅长的问题类型。如果在任何牌阵的“目前”或是“结果、未来”的牌位上,出现了这张代表牌,都表示提问者必须反省,理清楚自己的心态和愿望,检视目前的状况和关系,等想好之后再来占卜。否则的话,任何事情都不会有好的结果。

21.世界

如果你抽出了“世界”，代表你的牌巧妙地调合了天地间的四个元素，形成了一股源源不绝的强大能量，不需要你刻意培养，它自然能找到你的灵魂，与你产生共鸣，将讯息传递给你。

虽说如此，你也不能因此而偷懒，还是要每天洗牌，用你的手去感受它的能量。这样，你对讯息的体悟会更加正确。任何问题的占卜都难不倒它，特别是对于工作、学业、事业方面的占卜，它会更加准确。

它和“旅行”有关，若是要出远门，特别是出国的话，记得要带着它。它会保佑你，在旅途中平安顺利。

22.愚者

如果你抽出了“愚者”，表示你的牌十分有活力，也很乐观，但可能也有一些任性。所以，你刚开始和它接触时，最好天天洗牌，和它建立良好的关系。这样，它才不会在心情不好时不理你，以致你在占卜时，根本搞不清它要传递什么讯息。

如果你们之间的关系不错，当它在指示牌位置时，给予你的意见就十分珍贵了。它一定会给你积极而干脆的指示，要不就干净利落地把事情解决，要不就拍拍屁股走人。你绝不会从它那里得到一个模棱两可的答案。它没有特别擅长的问题领域，但也没有哪方面的问题是它解决不了的。

4 指示牌

几乎所有的占卜，都会通过某种方式来表现提出问题的人，或者是所要占卜的问题。这在塔罗牌占卜中，被我们称为“指示牌”。在早期的塔罗占卜中，指示牌具有着举足轻重的地位，掌握指示牌的精髓，对塔罗占卜的准确性具有重大意义。

指示牌的作用具体包括两个方面，一个是用以区别不同问卜者，一个是帮助占卜者揭示出进行整体价值判断所必须的信息。

在早期的塔罗牌占卜中，一般是由占卜者来挑选指示牌，挑选的范围也仅限于16张宫廷牌。所谓宫廷牌，即国王、王后、骑士和男仆，代表的是一些个性化的人物，宫廷牌属于小阿卡纳的一种。56张小阿分为宝剑、圣杯、权杖、五角星四组花色，而每组花色下又有宫廷牌和数字牌的区别。宫廷牌共16张，数字牌共40张，其中1—10代表数字。

挑选指示牌的方法有多种，比较常见的是根据人的性格的不同：权杖组性格外向，行动力强；圣杯组善于交际，处事稳妥；宝剑组性格内向，注意力集中；星牌组讲究实际，善于理财。在运用这种方法时，要对各个牌组所代表的性格类型比较熟悉。对大多数我们并不了解的人，则无法适用。

还有以不同星座来划分牌组来选择指示牌的方法。这通常是以太阳星座为主，白羊座、狮子座和射手座代表的火象星座用权杖组的宫廷牌来表示，金牛座、处女座和摩羯座代表的土象星座用星牌组的宫廷牌来表示，双子座、天秤座和水瓶座代表的风象星座就用宝剑组的宫廷牌来表示，巨蟹座、天蝎座和双鱼座代表的水象星座就用圣杯牌组的宫廷牌来表示。运用这样方法选择指示牌，需要对星座特质有比较深刻的理解。

再有，就是以问卜者职业的不同来区分选择不同的指示牌：权杖组一般代表农民、工人等以体力劳动为主的职业，从事这些工作的人通常比较淳朴而且身体强壮，这与权杖牌组宫廷牌所内涵的意义比较相似。圣杯牌组则一般代表从事文化、教育、服务等工作，以接触人群为主的职业。从事这类职业的人对人际间的交往比较敏感，而且需要有一定的知识和技能，这与圣杯组的宫廷牌所内涵的意义较为相似。一般将在家专职从事家务的人也归入到圣杯组里。宝剑组所代表的，是一些专业性比较强的职业。这些人对事物的观察和判断比较敏锐，这与宝剑组的宫廷牌内涵的意义比较相似。星牌组一般代表金融界和商业界的各种职业，从事这类职业的人比较务实，对金钱具有判断能力，这与星牌组宫廷牌内涵的意义比较相似。具体到每一张牌的选择，国王通常适用于领导者或者年纪较长的人，这些人具有决策的能力，长于思考和判断，多是做出决定由别人去执行，自己却不必动手；王后一般代表执行者的角色，经常做一些常务范围内的事情，多是指一些内勤方面的工作，与后面的骑士牌代表的角色相区别的是工作比较富于技巧；骑士代表的则是要应对较激烈竞争的执行者，一般是指那些面向外部工作的人，工作作风上大胆、泼辣，雷厉风行；男仆代表的是那些刚刚参加工作，尚需要别人指导才能做好工作的新人。

除了由占卜者选择指示牌外，也可以由问卜者自己来抽取。这种情况通常是在占卜者本身不知道选用哪张指示牌最恰当时。具体的做法是，在让问卜者选牌前，先将16张宫廷牌放在一起，让问卜者洗牌后抽出一张。也可以事先把16张宫廷牌翻开，让问卜者从中选出几张认为差不多的牌，然后再将这几张牌洗过后抽出一张。

在实际占卜中，有的占卜者也会把

16张宫廷牌都翻开，让问卜者自己挑选。但我们并不提倡这种选择指示牌的方式，因为这样的选择往往带有较强的主观色彩，容易偏离实际，所以最好还是选择随机抽取指示牌比较好。

早期的塔罗牌占卜，指示牌选择的范围只限于16张宫廷牌。后来人们则逐渐倾向于使用大阿卡纳作为指示牌，因为通过长期的塔罗实践，人们发现大阿卡纳更能代表一个人的个性。

另外，现在的指示牌已经不仅仅代表问卜者，也用来代表所要问卜的事情。

由于所代表的范围扩展了，单纯用宫廷牌和大阿尔卡纳牌表示已经难以满足，逐渐地，又出现了切牌。现在的很多牌阵中，通常没有严格地要求使用指示牌，大多可以用切牌来代替。所谓切牌，就是在78张塔罗牌中任意切取一张来代表问卜者或所要占卜的问题的牌。切牌与指示牌的区别在于，任何一张牌都可以作为切牌，而指示牌只能在16张宫廷牌或大阿尔卡纳牌中进行选择。切牌虽然已经被广泛使用了，但现代较高级的占卜中，还是认为以选择指示牌更为准确一些。

⑤ 准备工作

1.你是真的想要算塔罗吗？

这是非常重要的问题，中国人常说：“心诚则灵”，对于塔罗占卜也是如此。就如先前所说的，塔罗牌不是用来玩的，也不是用来打发无聊时间的，而是一种占卜方法。当你真的需要占卜时，才可以使用塔罗牌，才能确保占卜出的解答，是正确而且有帮助的。所以说，占卜时一定要严肃。

使用塔罗牌前，要确认自己的身体和心灵都在良好、平静的状态。解读塔罗是一件需要费心力的工作，必须集中精神，才能了解塔罗牌所呈现的意义。而身体的干净、清洁也很重要，最好你是洗过澡的，即使没洗，也一定要提前洗手。

此外，开始占卜的时候，你必须抱着恭敬的心，并且在心情很平静的状态下，绝对不可以有任何负面的想法和情绪。譬如我很讨厌某个人，想知道他会不会遇到不好的事，等等，类似这样的一种心态。如果你在占卜时产生这样不好的念头，其实在整个大宇宙的能量环境中，已经等于是在扰乱对方的磁场了，当然，你就无法得到正确的答案。所以，要是能在充满希望的心情中练习，是最恰当不过的了！

2.什么时候可以算塔罗？

刚吃饱饭后、疲累的时候，或是生病的时候，都是不适合占卜的时候。以一天来说，最适合塔罗牌占卜的时间，就是晚上洗完澡之后，到睡觉前的这段时间。因为这时，你的思绪比较能够沉淀下来，比较安静，而且也更容易专心。

当然，上面的要求并不是严格的。一般来说，塔罗牌的占卜不限定时间，也不一定要在晚上，只要你的精神状态够清晰，任何时间都可以。但应该注意，要在安静的时候，以一天一次为佳。

3.在什么地方算塔罗最合适？

最好挑选安静的地方，避免干扰。理由如下：

其一，选择隐秘的地点，保持宁静的气氛。

其二，可以避开周围的干扰因素，不会在解牌时受到意外的干扰。

其三，大多数发问者都希望隐秘，注重隐私，选择隐秘的地方才能让双方更好地交流。

当然，有时我们为别人占卜，不一定能够选择环境。即使在学校、餐厅或其他人较多的地方，也还是能够占卜的。

只是要注意，环境应该干净、清洁，占卜时的桌面应该是干净的，而且一定要再擦一遍。

4.用具

正规地说，除了要有塔罗，还要有两块单色的布，一块用来包塔罗，另一块用来占卜时铺桌子。铺桌布主要是为了避免牌直接和桌面接触，不让它变脏。毕竟，如果你不爱惜它，怎么能指望它会帮你呢？

布的质地一定要是真丝或纯棉的，总之必须是天然的东西，否则的话，塔罗的能量就无法与外界接触了。而之所以选择单色，是因为花布会扰乱心神，而且还会有很不专业的感觉。

不同颜色的布，会给牌带来不同的磁场。如果你有钱，就干脆一样一条，问不同问题的时候，用不同的布。粉红代表爱情和友情，灰色代表知识和教育，黄色和金色代表金钱，紫色代表事业和地位，蓝色代表个性，咖啡色和绿色代表健康，黑色代表力量，白色代表纯洁。

如果没钱的话，首选是黑色和白色。无论从科学还是预测学而言，黑色都是最能聚集光线与能量的颜色。

很多占卜师会在桌上点一盏熏香灯或蜡烛，有些吉卜赛的占卜师，甚至还会放置一颗水晶球。

另外，最好有代表四元素的四种东西，占卜时放在桌上，可以增加准确度。当然这并不是必须，如果没有条件，四元素的代表物也可以不放。

还要有一个木盒来装塔罗，也是为了体现对它的敬重吧。牌当然最好能有包、有套、有盒子，至少能防止损坏。毕竟,塔罗牌也只是一些纸,很容易弄坏的。

这些全套装备,每天都要带着——不占卜也要带,这在专业上叫"养牌"。天天携带可以让你和牌更亲密,而且可以经常占卜,对提高也有好处。

以上这些,其实都不是固定的规矩。塔罗是什么都可以通融的,最重要的是你自己。占卜者与问卜者,最好都能专心一致,心无旁骛。

心中对塔罗牌的信念和专心是最关键的。当双方都能以最虔诚的心来占卜时,所得出的牌,才会更符合真正的情况,占卜师也才能给予最中肯的建议与答案。

6 流程

1.确认问题

一切准备就绪之后,接下来便是确认想要问的问题。千万记住,问题必须在洗牌之前确认清楚。一旦开始洗牌,就不可以再更换问题了。

有些人也许会跑去问占卜师,自己的运势或最近运气的好坏,其实这些都是不适当的,而且也会让塔罗牌的占卜,无法推测出最正确的答案。

塔罗占卜的特点,就是要先设定某一个"具体"的问题,例如我是否该换工作,或是某甲还是某乙较适合我等等。所问的问题必须很明确、直接,不要笼统。只有针对某一特定而具体的问题,塔罗牌的占卜师才能选择最适合此问题的牌阵,而占卜出来的准确性也会较高。

不可以对同一个问题问两次。如果你想进一步解开心中的疑惑,可以换一个角度,用更深入的方式继续推测,来寻求更多的启示。

塔罗牌是你窥探命运的工具,可以说是命运旅程上的伙伴。因此,你必须对它寄予绝对的信任。即使它告诉你的结果不如人意,还是应该保持尊重的态度,千万不要有"算到好结果出来为止"的心态——命运并不是一种随意尝试的游戏。

另外,塔罗牌占卜是有时效性的。一般来说,针对不同的问题,是一星期到三个月不等,时效期没过,都不可以重复占卜。

如果你一意孤行,在刚占卜完某一问题时,又再重复占卜一次,甚至许多次,那么以后,你的塔罗牌就再也不会准确了,不会向你显示任何正确的答案。

2.选择牌阵

塔罗牌针对不同的情况与问题,衍

生出许多不同的牌阵。不过在初学者的身上,经常可以发现不知道用什么牌阵的情况。这导致占卜出来的结果,往往不能提供有效的解答。

应该先从自己熟悉、较为简单的牌阵开始,然后循序渐进,使用一些较为困难的牌阵。另外,针对不同的情况与问题,选择某种较为适用的牌阵,也是非常重要的事情。

例如,当有两份工作或两位异性,同时出现在你的面前,如果这时你不知道如何选择,就可以使用二选一牌阵进行占卜。而如果你只是与目前的男友,在交往上发生了一些问题,那么就可以使用克尔特十字占卜,来看看你们这段关系未来的发展。

3.选择指示牌

确定牌阵之后,接下来是选择指示牌。选择指示牌的方法前面已经讲过了,若是要使用切牌的方式选择指示牌,这个步骤就要放到洗牌之后再来进行。

4.洗牌

洗牌一共有两种不同的动作。每推测一次,都要重复这两种洗牌。

我们先来进行第一种洗牌。把牌面朝下,叠齐放在自己的手中。集中精神,不要想任何事物。然后,顺从自己的意志,从牌中间抽出一沓,放在牌叠的最上方。重复进行同样的动作,次数多少依你的意志而定。

接下来,让我们进行第二种。把牌放在桌面上,你的精神必须集中,把牌按圆圈的方式摊开,用两手把它们充分混合。手依照圆环的方式转动,洗牌时,要在心中默述即将推测的问题。有的占卜师,则会在洗牌时思考,该采用何种牌阵。

倾听你内在的声音,你会感觉出来何时可以停止。这时,把牌慢慢地聚拢,最后把它恢复成一叠,横向放好。

多数人都认为,应该让求问者洗牌,这样能使他的心情渐渐平静,渐渐放松,对占卜者敞开。有些推测法也需要求问者的意志集中,默念自己的问题。这时,占卜者只需保持心无杂念就可以。何时停止洗牌,则由求问者来决定。

洗牌时,应该尽量避免意外状况。如果突然有一张被翻过来,或者一些牌不小心掉到地上,都属于意外,这暗示你的精神可能不够专注,会对推测的结果造成严重的影响。

如果你确定自己精神足够集中,还是发现某一张牌翻了过来,这时一定要把翻过来的牌记下来,因为它有特殊的意义:它很可能概括了整件事情的一个基本状况,并指出了关键所在。如果出现一张女皇,它有丰收、丰富的意思,那么,即使你占出来的牌状况不好,也可以很明白地说,你可以渡过眼前的难关,继续过着富裕的生活。

总之,当单张牌跳出来,就意味着你必须对最后求出来的占卜结果,要有一种新的诠释，不可以墨守成规！

5.切牌

这是能让求问者大显身手的时刻。当你洗完牌、牌面朝下叠成一叠放好之后，就让求问的人来切牌。当然，如果求问的人就是你自己，就要自己来切牌了。

首先，请对方集中精神，从牌叠的上方，依自己的意志拿起一叠牌（绝对不可缺少的步骤），把这一叠牌放在靠近你的这边，变成两叠。

然后，从第二叠的上面再拿一叠牌，放在靠近他的一边。现在，你的面前就有三叠牌了。

接下来，由你来把牌叠起来，一定要注意次序。先拿起第一叠，放到第二叠上面，合成一沓。再把这沓拿起来，放到第三叠上面。如此，便恢复为一整叠牌了。

我们还剩下最后一个切牌动作。到目前为止，牌应该是横着放在你们中间。现在，我们要把牌直着摆放。这个动作千万不要搞错。

如果是为对方推测，你的牌应该逆时针旋转，左边往下转，右边往上转，转过 90 度就变成直着的了。如果是为自己推测，则是顺时针把牌旋转 90 度。一旦搞错，整个牌面的意义就会完全颠倒，所以必须谨慎。

6.摆牌阵

洗牌和切牌是整个过程里最关键的步骤，接下来的摆牌阵工作就简单多了。这时，无论占卜者还是求问者，都要集中精神，依不同的牌阵，抽出所需要的牌数。

如果为自己占卜，只要将抽出来的牌，依顺序放置就可以了。但如果是为别人占卜，则要让求问者抽牌，一次只能抽一张，把抽出来的牌，依序交给占卜者，由占卜者来放置牌阵。

此时的牌面，仍然是向下，双方都不可以看见牌的正面。至于剩下的牌，就仍然维持原来的状态，叠好放在一旁。

塔罗的牌阵非常多，从一张到二三十张的都有。很多时候，只用大阿卡纳就可以占卜了，而另一些时候，则是整副牌都要使用。一些经验丰富的占卜师，还可以创造自己的独门牌阵。

对于求问者提出的问题，有些占卜师会根据问题的需要，采用不同的牌阵。另一些占卜师，则会固定地使用几种较为精通的牌阵，来为人占卜。这些，是没有具体的规定和限制的。

初学者往往喜欢用简单的占卜法，比如钻石展开法、圣三角牌阵，恨不得只用一张牌才好呢，因为解每张牌，都要翻半天书，用复杂的实在太费事。如果一次解 22 张牌，那简直要累死了！

事实上，各种方法都有效果，这样做也没什么错。但是要记住，简单的占卜法也有其复杂之处。因为使用的牌少，解释含义往往不够详尽，其中的许多过程，就只能靠占卜者猜测了。如果想得到和复杂牌阵一样的确切指导，没有相当修为是不行的。

一定要背牌义吗？虽然说事实上没什么人会背牌义，但有时候，自己还是会不安心，觉得解牌还要翻书，是不是不太好……

其实完全没那个必要！牌义只要多看多占，自然就会有大致的印象，这就已经足够了，再根据具体问题来具体分析，就能得出正确的答案。如果完全背下来，反而会出现照本宣科的情况，以致自己无法融会贯通。

总之，完全不知道牌义固然不行，在知道大概之后照本宣科，也会妨碍得出正确的判断。一定要记住，解牌的技巧和感觉才是最重要的，千万不要本末倒置。

另外，在很多固定的牌阵中，每个位置都有它固定的意义。占卜师除了要熟悉牌义，还应该对这些固定位置的含义十分清楚，以免误解、误判。

⑦ 开牌和解牌

塔罗最重要的步骤就是解牌。摆牌阵、擦桌子，这种事情谁不会？但是只有占卜师可以解牌。占卜师的等级高低，很多时候也是以解牌能力而论的。高级占卜师因为知道得多，自然可以解得比较正确。不过，即使你是初学者，只要多加练习，一样可以提高自己的解牌能力。

1.开牌

当牌阵排好之后，按顺序把每一张牌掀开。掀牌的方式是由左往右翻，等全部的牌都打开之后，再开始解牌。

塔罗牌的意义非常丰富。不管是自己推测还是为他人推测，解牌之前都应当先就图案的印象“感觉”一下。它会触动你心灵的深处，给你很多启示。要知道，塔罗牌是一种媒介，一种感应，是透过牌显示出的一种征兆。因此，在解牌过程中，第六感和直觉都是必不可少的。

然后，在具体解说之前，可以对每张牌的含义和整个牌阵的前后关系，先做一个全盘的分析。

2.解牌方法

说起解牌的规律，通常初学者在刚刚开始的时候，经常会碰到没有规律可循的情况。如果牌阵本身再比较难解，就更让人头疼了。

事实上，解牌确实没什么规律可循，每个占卜师都有自己的一套方法，而不同的牌阵也适合不同的解法，需要占卜师细细选择。基本的方法包括：

释义——书上写的什么意思就是什么意思喽。

感应——看你自己有没有天资了。

图解——塔罗的图会互相有所关联,尤其韦特牌,在这方面做得相当好。但国内的漫画牌,那些漫画家对塔罗的研究还远远不够,画出来的牌自然也就没法这么解。

数字——数字也会有关联,如果读过易经,这种方法比较合适。

宗教——塔罗在神话和生命之树方面,都有特殊意义。如果了解这些,这样解的正确度还是蛮高的,这也是高级占卜师常用的方法。

一般的占卜师通常会选择几种适合自己的方法,混合使用,你也不妨试试。

3.正位和逆位

每张塔罗牌都隐藏正、反两种意义。当牌翻出来是正位,图案是正的,就代表正面意义;当牌翻出来是逆位,则代表反面意义。如果牌是横放的,则人头在左为正,右为逆。不过,你千万不要用吊人来看,大家都知道,吊人的图案刚好是反的。

在大阿卡纳中,正位和逆位分别代表了好、坏两种发展方向。而在小阿卡纳中,则代表同一方向的好坏两面。比如考试,大阿卡纳告诉你会考好还是考坏,而小阿卡纳则告诉你,考好或考坏之后,对你产生的是正面影响还是负面影响。

4.注意事项

解释牌义的时候,首先要注意避免断章取义。

"死神的正位,坏牌,你绝对会倒大霉!""世界的正位,全世界最好的牌,你鸿运当头啊!"这些话,都是刚开始学习占卜的人容易说出来的。如果以牌义来说,好像也没什么错误,但是却太草率了。就占卜而言,死神只是描述事情的某些过程,或是某些心理层面的东西,很少真正代表肉体的死亡。

而且,占卜要统览全局。塔罗告诉了你一件事情的整个过程,如果单凭一张牌来判断,多半是对不了的。一定要贯通整个牌阵,才能发现其中的原由。

其次,要注意培养自己的串联能力。

在帮别人占卜的过程中,你等于是在训练自己的串联能力。

这种能力是很重要的,因为解牌不能只靠单张牌的解释,这样有时候你就会陷入矛盾之中,过去、现在、未来这三张牌怎么一下好,一下大坏,一下又大好呢?

这时就要运用你的串联能力,要知道有时候,好不是好,坏不是坏。所以,自由联想能力在这时是非常重要的,你必须是一个有丰富想像力的人!

第三要注意不要使用过于耸动的字眼。

和易经一样,任何一张塔罗牌都有阴、阳两面,即积极面和消极面。因此,拿到好牌不要太过得意,应把握机会,采取行动，才不会丧失良机；拿到坏牌也不必气馁，只要能够提高警觉，就可以化险为夷。

正确的态度是，不管所显示的征兆是凶是吉，都一样坦然处之。“谋事在人，成事在天”，天人合一是最重要的人生法则。

因此，在回答求问者的问题时，切记不可使用太多负面的字眼。即使所出现的牌真的非常不好，也不可以说出一些会让问卜者感到惊吓的话。占卜者应该始终站在问卜者的立场，尽量寻找一些解决的方法，或是给予一些正面的警告。

第四，尽量给问占者明确的方向，不要使用太过模糊的字眼。

塔罗与其他算命法的不同之处，就是可以针对特定的人、事、物进行占卜，而且也可以从牌义中得出明确的答案。因此，对于求问者来说，一定是为了某人、某事、某物，寻求解决问题的方法。如果占卜者使用过于模糊或模棱两可的话，就只能徒增求问者的困扰，反而会失去塔罗占卜应有的作用。

最后，要重视灵感和直觉。

除了对于牌意的掌握和对牌的熟悉程度之外，还必须依靠占卜者当下的灵感与直觉，这一点是非常重要的。即使是同样的牌阵与牌，不同的问题和不同的人，都会引发占卜师不同的灵感和直觉。抓住一瞬间的感悟，才是塔罗占卜真正的诀窍。

一定要记住，塔罗牌永远没有规定你要干什么，它的牌义也只是告诉你某种宇宙元素，当你对牌产生特殊的感觉时，这些元素跟你相对应之下，将会产生一种新的感应。

所以，你千万不要拘泥于别人怎么说、书上怎么说，一定要把自己的心灵完全打开，才可以找到真正的启示。有时候一张好牌，我们看起来却是不祥的；有时候一张坏牌，在我们看来却是个很可贵的契机，就是凭借灵感的力量。

一开始固然应该尽量把牌的意义记下来，可随着运用逐渐熟练，还是应该慢慢跳出塔罗本身的束缚，找到自己的见解，这才是练习塔罗牌的重点！

8 禁忌与答疑

1.务必信任自己的塔罗牌

由于塔罗牌是用来占卜的，某种程度上，它是含有神圣性质的，因此塔罗牌也有一些禁忌，但其中最重要的一点就是——塔罗牌不是用来玩的，而是用来占卜的，千万别拿塔罗牌来随便玩，也不能随便放置，或用完之后就随便乱丢,这可是犯了塔罗牌最大的忌讳。

占卜完收牌时，应当稳定思绪,收妥后以冥想做结，再把牌放进盒子里。一般而言,许多塔罗牌的占卜家,都会将他们的牌用黑色的丝巾包裹好,然后放在手工制的木盒中,并将这个木盒置于枕下,或高于头部的柜子上。

千万不要遗失任何一张牌。一套牌就像手足一样,有它的完整性。无论遗失了哪一张，对牌本身都是一种伤害。所以,请务必小心保留。

2.与塔罗建立关系

塔罗是你的朋友,你应该把它当朋友看待。

塔罗有它的生命,虽然我们感觉不到,虽然可能科学不承认,但是我们应该像对待生命那样对待它，诚心来待它。最起码,你也该喜欢它,不喜欢就不要买。而且,人家帮了你那么多忙,占卜那么多次,多少也该存有点感谢之心。

如果你不想和塔罗建立什么关系,只把它当做一种工具,那样的话,占卜塔罗很多时候是要靠感应的，如果你和塔罗不是心心相印，准确度就没法说啦。

你应该好好地珍惜、爱护你的塔罗牌。你越珍惜它,和它越有感情,就越能体会牌中的含义。

至于建立关系的方法,其实是没有定则的,想着它、尊重它就行了。如果你愿意,还可以跟它说说话呢。

3.操作过程错了怎么办?

什么什么?居然错了?这八成是你精神不集中,最好还是下次再算吧。

一般来说,如果忘了洗手擦桌子,还是可以接受的。如果忘了洗牌,不太可能吧!如果忘了切牌,即使牌阵已经摊开,也绝对不可以占卜。如果牌阵有偏差,比如过去的位置放上表示现在的牌,这也没有关系,只要心中的过程对了就可以,毕竟位置都是人定的。

如果洗牌时有牌掉出来了，是可以放回去接着洗的，多洗几次就行了。而如果再次掉出来，或者牌阵中居然又碰到这张牌，那就要好好解解看了，可以把它当成关键，来展开你的解释。

4.如果别人接触你的牌

如果可能，不要让别人碰你的牌，尤其是随便玩玩看看，更是不行的。但是，如果你是给别人占卜，因为需要占卜师、求问者和牌的相互感应，是一定要让求问者洗牌的，这时则没有关系。

5.塔罗是专门用来占卜的吗？

前面也说过，塔罗其实是“托特之书”，除了占卜，它也可以用来做护身符，或者使用魔法，以及当做契约物。所以，不要把塔罗只当成是占卜的工具。

6.封牌仪式

当一副牌已经不适合你，或者你用它使用了黑魔法，害怕诅咒之力，就应该封牌。记住，不论什么样的塔罗牌，不论你曾经怎么使用，都是绝对不可以扔掉的。你买了它，它就要永远跟随你，除非是遭遇火灾或送人。总之，绝对不能把它当废品处理。

封牌仪式非常简单：将牌用黑色的布包好，放在屋中的北方。请认真做，最好能配上冥想。

7.关于折寿

说到占卜的同时，就会说到折寿，仿佛预知任何东西都要折寿。这种现象不能说完全没有，但一般来说，我们预知些小事，根本就没那个可能。

深入接触，你就会发现，塔罗可是充满善意的，它的使命就是帮助别人。有人说塔罗会迷惑人、诅咒人，这绝对是瞎掰。心术不正的人，用什么都会出问题，至于正人君子，就不用担心这种事情了。

8.关于魔刻

魔刻，顾名思义是恶魔出没的时刻。很多占卜师都会避开在这个时间做相关的事情。魔刻有很多种说法，但主要是在午夜和下午。晚上 7 点到 11 点，凌晨 4 点到中午 12 点，都算“安全的时间”。

不过我以为，这完全是因为那些时候，占卜师的精神可能不太好。占卜是件费精力的事，选在这种时间当然不好。对那些精神好的人来说，即使经常在魔刻占卜，也没有什么问题。

所以说，重要的是一定要精神好，精神好什么时候都行。

9 修行四招

1.了解自己的潜能和潜意识

塔罗牌是一种可以帮助我们了解某种宇宙奥秘的工具，所以自己必须先有所体认：要知道外面的环境是大宇宙，而自己是小宇宙。跟大宇宙接通之前，你必须要了解自己这个小宇宙的本质，并问自己，是不是有这种灵感的能力，是不是属于比较喜欢探索潜意识境界的人。

如果你对梦、对神秘学，对生死与未来都十分感兴趣，那么，恭喜你！你已经具备了学习塔罗牌的一个重要潜质。也就是说，你的潜意识活动可能比一般人更加旺盛，接下来就是要开始训练自己的冥想能力。这个能力将会在你日后学习塔罗牌的过程中，发挥出很重要的作用。

2.具备塔罗牌的基础知识

开始练习前当然要先翻一些书，具备了塔罗牌的基本知识后，你才有可能去练习。所谓基本知识，像是：塔罗牌有78张，分成大阿卡纳和小阿卡纳，大阿卡纳22张，小阿卡纳56张等。

建议一般的初学者，直接使用大阿卡纳来占卜，可以得到一个很完整的答案。因为这22张牌从一到二十一然后再到零，反映出宇宙循环的本质。如果初学者一开始就接触小阿卡纳，会把你搞混，还不如先从大阿卡纳着手。

记下书中牌义，包括正面和反面所代表的不同涵义。必须先把这22张大阿卡纳的牌义强记下来。

洗牌不能沿用洗扑克牌的方式，你必须要使用类似圆型环绕的方式，充分地把牌弄匀，然后掺和。

3.冥想与潜意识的训练

每张塔罗牌都是独立的图案，具有图形意义，即使号码也有特殊的意义。图案和号码配上自己的冥想能力，再加上当时牌面给你的联想与直觉，自然能产生一种指引。

所以，当你记下这些牌义后，必须跟它培养感情。要常常盯着你的牌看，然后看着图案，试着不去想书里的意义，或者把书里的东西背下来，看看能不能因为看到牌，就把书里的意思想起来。

当你开始观想，开始对图案有所感觉，即使有时你对图案的感觉跟书上描述的不一样，也没有什么关系，这是属于你的个人见解，你必须将它保留下来。这种潜意识的训练是非常重要的。

4.培养塔罗实战经验

当你已经记住了牌的牌义,也开始对这些牌很有感觉,接下来就要开始练习占卜了。

通常书里都会附上一些牌阵,譬如圣三角牌阵、二选一牌阵、克尔特十字牌阵或是问题六芒星牌阵。这几种可以说是目前最经典的牌阵了,所以你可以开始学习它们,并试着记忆每种牌阵中不同位置所代表的意义,然后再练习帮别人占卜。

这是一个很重要的过程。你一定要有实战经验。帮别人占卜,一方面是在帮助自己练习,另外一方面,你也要帮别人解惑,不要因为自己是新手,就觉得"我这样怎么能帮别人占卜呢?"

其实,塔罗牌最好玩的地方就在这里,新手也有新手的准确度!

⑩ 塔罗师四级

"入门靠师傅,修行在个人"。并不是牌龄越长,就代表占卜的功力越强。而"占卜师"也分为各种不同的阶段,以下为大家介绍:

初级占卜师:

熟记78张牌的含义,能针对不同的人、事、物加以分析。另外,许多塔罗牌的书都有大量牌阵,而这些牌阵往往令有心入门的初学者望而却步。其实,只要熟悉一个自己喜爱的牌阵:如十字阵或者是七张牌占卜,就足够使用了。甚至,只要单张随机的牌,也能帮你成为一个小占卜师。

心理分析师:

占卜最重要的,是占卜者的精神意识和个人修为。在澳洲,有一名心灵医院的院长著有塔罗牌相关书籍,他就常用塔罗帮病人做心理分析。

我们要知道,塔罗牌不是论断生死的迷信,而是辅导个人学习和心灵成长的工具。与其用塔罗牌预测未来,不如用它来检视自己目前的心态、所犯的错误以及值得保留的优点。

另外塔罗牌还可以帮你做一些抉择,让你徘徊在人生的十字路口时,有一些参考的依据。很多人认为,用塔罗牌做心灵沟通,是现代人最合适的学牌目的。

高级占卜师:

高级占卜师当然要具备初级占卜师的解牌能力。

常有人会疑惑，初级占卜师和高级占卜师之间到底应该如何来区分。在欧美国家，有一些命理师执照的认证考试，通过测验的人也就取得了专家的资格。

不过，大家也别担心，只要对塔罗牌有浓厚的学习兴趣，一样可以在塔罗牌的领域闯出一片天地。接下来为大家列出高级占卜师的基本条件：

1.基本的解牌能力

2.学贯中西（东方和西方神秘学的基本常识）

3.整合塔罗牌之神想

4.对基督教迫害异教徒的历史有所认识

5.尊重女性

通灵占卜师：

顾名思义，通灵占卜师当然要具备一般人所没有的"超能力"，而超能力可能是与生俱来，也可以是后天训练的。如果你没有机会参加这样的训练机构，也别太计较了，只要常使用你的牌，就能培养出你的直觉，来增加占卜的准确性。毕竟，人与牌之间就像人和自然界的关系一样，需要用心灵来沟通的。

在世界各国，许多神职人员具有第三只眼、天眼通等天生的神力，它的真实性有待科学去检验。但在各地，都有少数具有灵力的人，选择占卜师作为终身职业，在当地民众中的公信力很高。当然，也有不少是神棍和诈骗犯。

总之，具有灵力的人成为塔罗牌的占卜师，我们都称之为通灵占卜师。

⑪ 塔罗七阶

第一阶:死背牌义

特点:极注重形式,背牌的关键词,相关星座、数字、金属等的资料,解牌时套用,有初学者的运气。

第二阶:融合牌义

特点:开始了解牌的意义,能解释牌阵,随着占卜次数的增加,逐渐引出潜在的能力。开始显现个人的特质,情绪起伏不定,有人因此放弃。

第三阶:初解牌义

特点:能帮人占卜,使用塔罗已无大的困难,了解占卜是自己和世界宇宙的呼应,但仍疑惑,这是否是命中注定。

第四阶:重整牌义

特点:重回单张牌的牌义,重整“何谓塔罗”,开始将其他神秘学引进自己的体系,形成更丰富的系统,并且了解如何增强自己的能量,来长久而持续地用牌。

第五阶:再解塔罗

特点:融合各派,已无派别成见,了解不同的占卜和派别只是对宇宙的诠释不同,选择不同的角度去看。由此,形成自己的诠释系统,卓然自成一家。

第六阶:心即塔罗

特点:步入此阶,手中无牌,心中有牌,不开牌也能占卜,了解事物的道理,以及命运可改和不可改的差别。

第七阶:塔罗之道

特点:回归智能之书,以塔罗为入道的门径,了解改造生命的大秘密。所谓善易者不占,占卜只是形式,真正需要了解的,是生命与世界。